दलित-साहित्य
नई चुनौतियाँ

दलित-साहित्य
नई चुनौतियाँ

प्रो. रामशंकर कठेरिया

प्रभात प्रकाशन, दिल्ली
ISO 9001:2008 प्रकाशक

प्रकाशक • **प्रभात प्रकाशन**
4/19 आसफ अली रोड,
नई दिल्ली-110002

संस्करण • प्रथम, 2016
मूल्य • दो सौ रुपए
मुद्रक • आर-टेक ऑफसेट प्रिंटर्स, दिल्ली

DALIT-SAHITYA : NAI CHUNAUTIYAN

by Prof. Ram Shankar Katheria ₹ 200.00

Published by Prabhat Prakashan, 4/19 Asaf Ali Road, New Delhi-2

e-mail: prabhatbooks@gmail.com ISBN 978-93-5186-581-0

अनुक्रम

प्रथम अध्याय

दलित पहचान के दायरे

सामान्य अवधारणा

भारतीय समाज की संरचना बहुआयामी होने के साथ-साथ जटिल है। इस सामाजिक संरचना में कुछ ऐसे तत्त्व हैं, जो शोषित वर्ग के विरुद्ध जाते हैं। जाति-प्रथा एक ऐसा ही तत्त्व है, जो सामाजिक एकता, सामाजिक समरसता और सार्थक सामाजिक सरोकारों के विरुद्ध जाता है। भारतीय समाज की धार्मिक परंपराओं में जाति-व्यवस्था को जिस प्रकार महिमामंडित किया गया है, उसके कारण समाज में कुछ ऐसी बद्धमूल धारणाएँ विकसित हो गई हैं, जो सामाजिक सद्‌भाव में बाधक हैं। जाति-भेद के कारण समाज का एक विशेष वर्ग, जो बहुसंख्यक है, वह आज के वैश्वीकरण के दौर में भी असमानता, शोषण, उपेक्षा और अपमान को झेल रहा है। यह वर्ग आर्थिक शोषण का शिकार तो है ही, सामाजिक उपेक्षा और अपमान का दंश भी झेल रहा है। इसी वर्ग को हम 'दलित' शब्द से अर्थापित करते हैं। दलित वर्ग को लेकर अनेक प्रकार की अवधारणाएँ—विचार, दृष्टिकोण और पूर्वग्रह हमारे सामने हैं। इसलिए सबसे पहले यह आवश्यक है कि हम दलित वर्ग को उसके सही परिप्रेक्ष्य में अर्थापित करें।

'दलित' शब्द का सामान्य अर्थ है—'कुचला हुआ', 'प्रताड़ित' और 'शोषित वर्ग'। 'दलित' शब्द संस्कृत 'दल' धातु से व्युत्पन्न है, जिसका व्युत्पत्तिपरक अर्थ—विकसना, फटना या खंडित होना माना गया है।[1] स्पष्ट

है कि जो विभाजित, बिखरा हुआ, टूटा हुआ और शोषित वर्ग है, उसी के संबंध में इस शब्द का प्रयोग किया जाता है। किंतु इस शब्द से हम दलित वर्ग को संपूर्णता में परिभाषित नहीं कर सकते। इस शब्द की संपूर्ण अर्थछायाएँ हमें मराठी साहित्य में प्राप्त होती हैं। मराठी में प्राचीनकाल से इस शब्द का प्रयोग विशेषीकृत अर्थ में किया जाता है, जिसका श्रेय मराठी समाज–सुधारक ज्योतिबा फुले को दिया जाता है। फुले एक प्रखर समाज–सुधारक ही नहीं थे, बल्कि उन्होंने दलित–चेतना को रूपाकार देने में महत्त्वपूर्ण भूमिका का निर्वाह भी किया था। उन्नीसवीं शताब्दी के अंत में फुले ने इस शब्द का प्रयोग विशेषीकृत अर्थ में किया है।[2] कुछ दलित चिंतकों का यह भी मानना है कि जिस अर्थ में हम इस शब्द का प्रयोग करते हैं, वह बाबा साहेब भीमराव अंबेडकर की देन है। बाबा साहेब ने पहली बार इस शब्द को जातिगत आधार प्रदान किया।[3] राजनीतिक उद्देश्यों के लिए इस शब्द को बीसवीं शती के सातवें दशक में मान्यता मिली, जब 'दलित पैंथर' का गठन किया गया।

उपर्युक्त विवेचन से यह स्पष्ट है कि 'दलित' शब्द व्यापक रूप से शोषण के शिकार उस वर्ग के लिए प्रयुक्त है, जो सामाजिक अवमानना एवं शोषण का शिकार होने के साथ–साथ आर्थिक शोषण का भी शिकार है। यहाँ यह कहा जा सकता है कि जो सवर्ण निर्धन हैं और अपनी निर्धनता के चलते अपमान और उपेक्षा को झेल रहे हैं, उन्हें दलित क्यों न माना जाए? इस संबंध में यह कहना उचित होगा कि आर्थिक शोषण भी सामान्य रूप से 'दलित' होने की पहचान हो सकता है, किंतु 'दलित' होने की सर्वाधिक विडंबनापूर्ण स्थिति यह है कि सामाजिक अपमान और अत्याचारों के साथ–साथ जो वर्ग आर्थिक शोषण झेल रहा है, सही अर्थों में वही दलित कहलाने योग्य है। आर्थिक दुरावस्था के चलते निर्धन सवर्ण के पास कम–से–कम तथाकथित उच्च जाति का होने का एक दंभ तो है, जिसके चलते वह आर्थिक शोषण को अपेक्षाकृत सह लेता है, किंतु समाज का वह बहुसंख्यक तबका, जो तथाकथित ऊँची जातियों के अत्याचारों और अपमान को झेलता

है, उसके सामने तो दोहरा संकट है। एक ओर तो वह ऊँची जातियों के द्वारा किए हुए आर्थिक शोषण का शिकार होता है, तो दूसरी ओर वह इन जातियों के द्वारा किए गए अपमान और अत्याचारों को भी झेलता है। इस दृष्टि से मानना होगा कि 'दलित' शब्द उस बहुसंख्यक समाज से जुड़ा है, जो परंपरागत रूप से दूषित, बद्धमूल दृष्टिकोण के साथ सामाजिक, आर्थिक, राजनीतिक, धार्मिक एवं शैक्षिक अधिकारों से वंचित रखा गया। जाति–व्यवस्था के पारंपरिक ढाँचे के नीचे दबे इस वर्ग के सामाजिक एवं आर्थिक शोषण का कोई अंत दिखाई नहीं देता। आजादी के बाद सारे संवैधानिक एवं विधिक प्रावधानों के बावजूद, एक हद तक उभरती राजनीतिक जागरूकता के बावजूद दलितों का सामाजिक और आर्थिक शोषण आज भी जारी है। इस प्रकार शाब्दिक दृष्टि से 'दलित' शब्द का अर्थ कुचला हुआ, दमित और शोषित वर्ग से है, जो जाति–व्यवस्था के अंतर्विरोधों और विडंबनाओं का शिकार है।

इस शब्द के व्युत्पत्तिगत एवं शाब्दिक अर्थ को रेखांकित करने के बाद भी 'दलित' शब्द में अंतर्निहित अवधारणागत विशेषताएँ स्पष्ट नहीं होतीं हैं। इसके लिए यह आवश्यक है कि हम दलित चिंतकों की विभिन्न परिभाषाओं का विश्लेषण करते हुए इस संबंध में एक सुनिश्चित दृष्टिकोण का निर्धारण करें।

मत-अभिमत

वास्तविकता यह है कि 'दलित' को लेकर जो परिभाषाएँ प्रस्तुत की गई हैं, उनमें 'अंध गज न्याय' को ही महत्त्व मिला है। प्रत्येक परिभाषाकार ने अपने संस्कारों, मान्यताओं और परिवेश की सीमाओं में बँधकर अपने–अपने ढंग से दलित वर्ग को परिभाषित किया है। श्योराज सिंह बेचैन के अनुसार, "दलित वह है, जिसे भारतीय संविधान ने अनुसूचित जाति का दर्जा दिया है।"[4] यह परिभाषा दलितों को लेकर किसी व्याप्क अवधारणा को अर्थापित नहीं करती, बल्कि औपचारिक रूप में दलितों की पहचान को रेखांकित करती है। इस परिभाषा के संबंध में यह प्रश्न उठाया जा सकता है

कि भारतीय संविधान ने यदि दलित को अनुसूचित जाति का दर्जा न दिया होता, तो क्या दलितों को परिभाषित करना संभव न होता? भारतीय समाज की जटिल संरचना में जिस प्रकार जाति–व्यवस्था को औजार बनाकर दलितों का सामाजिक और आर्थिक दोहन हुआ है, उस पर इस परिभाषा में कुछ भी नहीं कहा गया है। इस दृष्टि से मोहनदास नैमिषराय की परिभाषा अपेक्षाकृत अधिक आधुनिक होने के साथ–साथ प्रासंगिक भी है। नैमिषराय के अनुसार, " 'दलित' शब्द मार्क्स प्रणीत सर्वहारा शब्द के समानार्थी लगता है, लेकिन इन दोनों शब्दों में पर्याप्त भेद है। दलित के अंतर्गत सामाजिक, आर्थिक और राजनीतिक शोषण तक ही सीमित है। प्रत्येक दलित व्यक्ति सर्वहारा वर्ग के अंतर्गत आ सकता है, लेकिन प्रत्येक सर्वहारा वर्ग को 'दलित' कहने के लिए बाध्य नहीं कर सकते अर्थात् सरकार की सीमाओं में आर्थिक विषमता का शिकार सर्वहारा वर्ग में आता है, जबकि 'दलित' विशेष तौर पर सामाजिक विषमता का शिकार होता है।"[5] इस परिभाषा में मार्क्सवाद की शब्दावली का आधार-लेकर दलितों की पहचान को रेखांकित किया गया है। नैमिषराय ने 'दलित' शब्द को मार्क्सवादी शब्द 'सर्वहारा' के समानार्थी मान लिया है। यद्यपि वे बाद में दलित वर्ग को सामाजिक, आर्थिक, राजनीतिक शोषण की दृष्टि से विशेषीकृत करते हैं, किंतु 'सर्वहारा' शब्द के प्रति मोह उन्हें 'दलित' की सही पहचान नहीं करने देता। वे 'सर्वहारा' और 'दलित' में विद्यमान भेद से परिचित हैं, किंतु अति उत्साह में वे उसे सर्वहारा के निकट ले आते हैं। इसमें कोई संदेह नहीं है कि मार्क्स ने 'सर्वहारा' शब्द का प्रयोग करते हुए समाज के संपूर्ण शोषित वर्ग को ध्यान में रखा था। भारत की पारंपरिक जाति–व्यवस्था भी उनकी दृष्टि में 'सर्वहारा' को परिभाषित करते समय ओझल थी, इसलिए यदि नैमिषराय इस शब्द का मोह छोड़कर 'दलित' वर्ग को उसके अपने सामाजिक परिप्रेक्ष्य में रखकर परिभाषित करते तो अधिक उचित होता। यद्यपि उनकी परिभाषा एक हद तक दलितों की पहचान को रेखांकित करती है। इसी क्रम में डॉ. आनंद वास्कर की परिभाषा भी उल्लेखनीय है। उनके अभिमतानुसार, "उच्च एवं समृद्ध समाज के पैरों तले कुचला

हुआ, आर्थिक शोषण से शोषित तथा दबा हुआ, जिसका मानवी जीवन विनष्ट हुआ हो, ऐसे सभी, चाहे वे किसी भी जाति के हों, किसी भी लिंग के हों; 'दलित' वर्ग के अंतर्गत आएँगे।"[6] वास्कर दलितों की पहचान पर व्यापक दृष्टि से विचार करते हैं। वे जातिगत, विशेषीकृत परिप्रेक्ष्य से ऊपर उठकर सभी जातियों और वर्गों में विद्यमान शोषित तथा पीड़ित व्यक्तियों को दलित वर्ग के अंतर्गत मान लेते हैं। वास्कर हमारे सामने बहस का एक मुद्दा उठाते हैं। प्रश्न यह है कि क्या उन सभी व्यक्तियों को दलित मान लिया जाए जो शोषण, विषमता और अपमान झेल रहे हैं। ऐसे बहुत से दलित विचारक हैं, जो इस दृष्टिकोण के समर्थक हैं। विशेष रूप से सवर्ण बौद्धिक वर्ग यह सिद्ध करने पर तुला है कि दलित को किसी जाति के अंतर्गत सीमित करके नहीं देखा जाना चाहिए, क्योंकि जाति में सीमित करने से तथाकथित निम्न जाति के दलित और सवर्ण जाति के दलित में अलगाव पैदा होता है। यह अलगाव सामाजिक सौमनस्य के विरुद्ध जाता है। तब यह मान लिया जाता है कि दलितों की कोई जाति नहीं होती। वे हर वर्ग, हर जाति, हर संप्रदाय में मौजूद हैं। इसी दृष्टिकोण के चलते सवर्णों का एक विशेष वर्ग जातिगत आरक्षण को समाप्त करने तथा आर्थिक आरक्षण को उसके स्थान पर लागू करने पर बल देता है। वास्कर और उन जैसे अनेक दलित चिंतक जिस दृष्टिकोण से दलितों की पहचान को विशेष जाति या जातियों से अतिक्रमित करते हैं, उससे राजनीतिक और सामाजिक क्षेत्र में अनेक नए विवाद जन्म लेते हैं। इसलिए हम इस परिभाषा को उपयुक्त नहीं मानते। वास्तविकता यह है कि दलित वर्ग का संबंध आर्थिक शोषण से अधिक सामाजिक शोषण से है। यह सामाजिक शोषण जाति–व्यवस्था के घातक हथियारों से किया जाता है। जब तक संपूर्ण समाज की जातिगत मानसिकता में आधारभूत परिवर्तन नहीं होता, तब तक हमें दलितों की पहचान जातिगत रूप में ही करनी होगी।

लक्ष्मण शास्त्री 'दलित' की परिभाषा करते समय महाराष्ट्र के दलित आंदोलन को ध्यान में रखते हैं और 'दलित' के अंतर्गत महाराष्ट्र के हिंदू समाज की विभिन्न जातियों का संदर्भ देते हैं। उनकी दृष्टि में, "दलित

मानवीय प्रगति में सबसे पीछे पड़ा हुआ और पीछे ढकेला गया सामाजिक-वर्ग है। महाराष्ट्र के हिंदू समाज में महार, चमार, डोम इत्यादि जिन जातियों को गाँव के बाहर रहने के लिए बाध्य किया गया और जिनसे समाज विशेषत: सवर्ण समाज, शारीरिक सेवाएँ तो लेता रहा, लेकिन जीवनावश्यक प्राथमिक जरूरतों से जिन्हें जान-बूझकर वंचित रखा गया और पशुओं के स्तर पर घृणित जीवन जीने के लिए बाध्य किया गया, उनको 'अछूत' या 'दलित' कहा गया।'' लक्ष्मण शास्त्री जहाँ एक ओर दलित को मानवीय प्रगति में सर्वाधिक पिछड़े हुए वर्ग की दृष्टि से रेखांकित करते हैं, वहाँ 'दलित' को ऐतिहासिक परिप्रेक्ष्य में महाराष्ट्र के दलित आंदोलन तक सीमित कर देते हैं, और वहाँ दलितों पर जो अत्याचार होते थे, उन्हीं का संदर्भ देते हैं, किंतु यदि व्यापक परिप्रेक्ष्य में देखा जाए तो भले ही महाराष्ट्र से दलित आंदोलन का प्रारंभ हुआ हो, किंतु पूरे देश में कमोबेश दलितों की आज भी वही स्थिति है, जो पहले थी। उन्होंने दलितों की परिभाषा देते समय उस राजनीतिक परिप्रेक्ष्य की भी उपेक्षा कर दी, जो इस दौर में दलित वर्ग को पहचान के नए आयाम प्रदान कर रही है। हमें ध्यान रखना होगा कि 'दलित' को केवल इतिहास की दृष्टि से परिभाषित नहीं किया जा सकता। उसे संपूर्ण रूप से परिभाषित करने के लिए हमें अतीत और वर्तमान के संवाद को भी ध्यान में रखना होगा। यह परिभाषा दलितों के शोषण को अतीत के दायरे में विशेषीकृत करती है, अत: इसे समग्र नहीं माना जा सकता। कुसुम मेघवाल सामाजिक संदर्भों में दलित वर्ग को अर्थापित करती हैं। उनकी दृष्टि में दलित वर्ग की पहचान, उस पर किए जानेवाले अत्याचार और शोषण ही हैं।[7] इसी प्रकार एन. सिंह ने अपने एक साक्षात्कार में दलन, शोषण और उत्पीड़न को ही दलित की पहचान माना है।[8] डॉ. भगवान दास कहार भी दलित और शोषित को एक मानते हुए, उस पर सवर्णों के अत्याचारों को ही उसकी पहचान मानते हैं।[9] स्वामी बोधानंद महास्थविर दलितों के शोषण को यद्यपि ऐतिहासिक परिप्रेक्ष्य में देखते हैं, किंतु उसमें अतिभावुकता का तत्त्व अधिक है। वे दलितों को अर्थापित करते हुए लिखते हैं, ''दलित शब्द का प्रयोग इसलिए

किया जाता है कि अग्रसर हिंदू जातियों ने और उन्हीं की कुटिल नीति में पड़कर पिछड़ी हिंदू जातियों ने भी इन बेचारों के समस्त धार्मिक, सामाजिक, राजनीतिक आदि अधिकारों को, जो मनुष्यतनधारी होने के कारण उन्हें स्वभाव से ही प्राप्त थे, ऐसा कुचल डाला है कि मनुष्य होते हुए भी उनकी अवस्था कुत्ते, बिल्ली तथा मक्खी-मच्छर से भी गई-बीती हो गई है।''[10] प्रस्तुत परिभाषा में सवर्ण हिंदू जातियों को और पिछड़ी जातियों को दलितों के शोषण के लिए उत्तरदायी माना गया है। यह एक अतिवादी दृष्टिकोण है। यह संभव है कि हिंदू सवर्ण जातियों के कुछ लोगों ने दलितों का शोषण किया हो, किंतु इसके लिए संपूर्ण हिंदू समुदाय को उत्तरदायी ठहराना अनुचित है। गाँवों में जो दलित काम करने आते थे, उनको भी हिंदू परिवारों में उन्हीं रिश्तों के नाम से संबोधित किया जाता था, जो हिंदू परिवारों में प्रचलित थे तथा यह प्रयत्न किया जाता था कि उनको यथासंभव महत्त्व और सम्मान दिया जाए। हिंदू-धर्म के मूलभूत आदर्शों में कहीं यह निर्दिष्ट नहीं किया गया है कि दलितों का शोषण किया जाए या उन्हें अपमानित किया जाए। भले ही कुछ हिंदू-धर्मग्रंथों में इस प्रकार के प्रावधान मिलते हैं, किंतु वास्तविक रूप में उनका अनुसरण हिंदू समाज नहीं करता था। संपूर्ण हिंदू समाज को इसके लिए उत्तरदायी ठहराना एक ओर तो हिंदू समाज के प्रति दलितों में घृणा फैलाने का कारण बन गया और दूसरी ओर इससे हिंदू समाज को अकारण उत्तेजित किए जाने की स्थिति सामने आई।

बाबा साहेब अंबेडकर ने दलितों को परिभाषित करते समय अधिक सावधानी बरती, किंतु वहाँ भी वे इतिहास को दृष्टि में रखना नहीं भूले। बाबा साहेब के शब्दों में, 'दलित जातियाँ वे हैं, जो अपवित्र होती हैं। इनमें निम्न श्रेणी के कारीगर, धोबी, मोची, भंगी, बसौर। सेवक जातियाँ जैसे—चमार, डँगारी (मरे पशु उठानेवाले), सउरी (प्रसूति गृहकार्य के लिए ढोल-डफली बजानेवाले), कुछ जातियाँ परंपरागत कार्य करने के अतिरिक्त कृषि-मजदूरी का कार्य भी करती हैं। कुछ दिनों पूर्व तक उनकी स्थिति अर्द्धदास, बँधुआ मजदूर जैसी रही है।''[11]

बाबा साहेब ने दलित वर्ग की उन जातियों का संकेत किया है, जो अलग-अलग व्यवसायों में लगी थीं। उन्होंने ऐसी जातियों को अपवित्र माना है तो इसके पीछे उनकी दृष्टि में वह ऐतिहासिक परिप्रेक्ष्य रहा है, जिसको उन्होंने व अन्य चिंतकों ने अतिवादी दृष्टि से प्रस्तुत किया है।

मूलभूत विशेषताएँ

प्रश्न यह है कि अंततः 'दलित' को परिभाषित करने की ऐसी कौन सी कसौटी हो सकती है, जो वस्तुगत होने के साथ-साथ विवेकपूर्ण भी हो। क्या वैदिककाल से लेकर मध्यकाल तक का इतिहास, जिसमें प्रमाण के रूप में केवल ग्रंथों का हवाला दिया गया हो, दलित वर्ग को अर्थापित करने के लिए पर्याप्त है? क्या पुस्तकों के ये उल्लेख हिंदू समाज द्वारा यथावत् अपने जीवन-व्यवहार में लागू कर लिये गए? अथवा परंपरा और जीवन-व्यवहार में कोई अंतर्विरोध भी है? वस्तुतः इन ग्रंथों की परंपरा और हिंदू समाज की जीवन-पद्धति इनमें अंतराल बना रही है। यदि ऐसा न होता तो इन ग्रंथों में जिन आदर्शों और मानव-मूल्यों का निरूपण हुआ है, हिंदू समाज उनको अपने जीवन में ढालकर जीवन के उच्चतम स्तर पर दिखाई देता। किंतु इन ग्रंथों में लिखी अच्छी बातों के बावजूद हिंदू समाज में आज भी बहुत से अंधविश्वास, रूढ़ियाँ और जर्जर परंपराएँ मौजूद हैं। ठीक इसी प्रकार इन ग्रंथों में उनके विरुद्ध जो कुछ कहा है, उसको भी हिंदू समाज ने न महत्त्वपूर्ण समझा और न उनका पूरी तरह से अनुकरण किया। अंग्रेजों के आने से पूर्व जिस प्रकार ग्रामीण समाज एक स्वायत्त इकाई के रूप में मौजूद था, उसमें उच्च या दलित सभी लोगों की महत्त्वपूर्ण भागीदारी थी। जिस प्रकार एक मशीन के सभी अंग जब सहयोगी रूप में कार्य करते हैं, तभी वह मशीन सक्रिय होती है। हिंदू समाज को हम एक मशीन की तरह समझें और उसके कल-पुरजों में दलित वर्ग को भी रखें तो हम समझ सकते हैं कि भारतीय हिंदू समाज में यह मशीन बिना किसी बाधा या अवरोध के निरंतर कार्य करती रही। समाज में चाहे दलित हो या सवर्ण, सभी की अपनी भूमिका थी

और किसी को कम महत्त्वपूर्ण नहीं समझा जाता था। यदि दलित वर्ग को अपनी भूमिका के विषय में असंतोष होता या वे अपना कार्य न करना चाहते तो हिंदू समाज कब का छिन्न-भिन्न हो गया होता! किंतु दलित विचारकों ने नकारात्मक दृष्टिकोण अपनाते हुए हिंदू समाज के संघटक अंगों को शोषित किए जाने का अतिवादी स्वरूप प्रस्तुत करके संपूर्ण हिंदू समाज को कठघरे में खड़ा कर दिया है। उन्होंने परंपरा से चले आ रहे सामाजिक सामरस्य को खंडित करते हुए दलित-शोषण की समस्या को अतिवादी रूप दे दिया है।

दूसरा प्रश्न यह है कि क्या वैदिककाल से अब तक दलितों का निरंतरता में समान रूप से शोषण होता रहा है? क्या उनकी स्थिति में कोई परिवर्तन नहीं हुआ? जिस प्राचीन और मध्यकालीन दौर में दलित विचारक दलितों के शोषण को अतिवादी तरीके से उभारते हैं, आधुनिक युग में क्या यह शोषण उसी प्रकार हो रहा है? यदि ऐसा है तो संवैधानिक व्यवस्थाओं और विधिक प्रावधानों की क्या प्रासंगिकता है? क्या इनसे दलितों की स्थिति में कोई बदलाव नहीं आया है? आज जिस प्रकार दलित वर्ग राजनीति में सक्रिय हिस्सेदारी निभा रहा है, जिस प्रकार शिक्षित दलित वर्ग बड़े-बड़े प्रशासनिक पदों पर देखे जाने लगे हैं, वह क्या दलितों की स्थिति में बदलाव का सूचक नहीं? अगर हमारे समाज में इस प्रकार के परिवर्तन देखे जा रहे हैं तो उनको दरकिनार करके पुराने इतिहास को छाती से चिपटाकर यदि आज भी दलित शोषण का अतिवादी राग अलापा जा रहा है तो इससे हम न केवल दलित की सही पहचान करने में अक्षम रहते हैं, बल्कि जान-बूझकर समाज में दलित बनाम सवर्ण के संघर्ष की पृष्ठभूमि भी निर्मित करते हैं।

हम इस तथ्य की उपेक्षा नहीं कर सकते कि जैसे-जैसे शिक्षा का प्रसार हुआ है, वैश्वीकरण के इस दौर में जैसे-जैसे दुनिया सिकुड़कर छोटी हुई है और शिक्षित वर्ग की मानसिकता में उदारता एवं खुलापन आया है, वैसे-वैसे सवर्ण शिक्षित वर्ग की सोच में भी मूलभूत बदलाव देखा जा सकता है। कस्बों, नगरों महानगरों के शिक्षित वर्ग में दलितों की स्थिति में परिवर्तन हुआ है। एक ओर इन दलितों में अपनी पहचान को लेकर आत्मसम्मान का

भाव जागा है, वहीं दूसरी ओर सवर्ण शिक्षित वर्ग की दृष्टि में अस्पृश्यता या दलितों से दूरी का कोई अर्थ नहीं रह गया है। उनमें आपसी मेल-मिलाप और सद्भाव निरंतर बढ़ता जा रहा है। यह सद्भाव तभी खंडित होता है, जब राजनीति दलितों पर हुए शोषण को उछालकर दलितों को उनके शोषण के तथाकथित इतिहास की याद दिलाकर गोलबंदी की जाती है।

दरअसल, दलितों की मुख्य समस्या यह नहीं कि वे आर्थिक रूप से विपन्न हैं और आरक्षण के माध्यम से बड़े-बड़े पद पाकर वे सामाजिक प्रतिष्ठा प्राप्त कर लेंगे। यह सही है कि ऐसा होने से वे अपने समाज को नई प्रतिष्ठा और पहचान दे सकेंगे, किंतु क्या इससे समाज की मानसिकता में बदलाव संभव है? एक ओर तो उच्च पदस्थ दलित अपने ही वर्ग के अन्य दलितों से मेल-जोल पसंद नहीं करते। उनकी एक अलग दुनिया बन गई है, जिससे गरीब और फटेहाल दलितों का कोई सरोकार नहीं है। यानी दलितों में भी एक वर्ग-भेद की मानसिकता विकसित होने लगी है। दूसरी ओर सवर्ण वर्ग के रूढ़िवादी लोगों में दलितों को लेकर जो पारंपरिक सामंतीय भावना है, वह दलितों के उच्च पद पर प्रतिष्ठित होने के बावजूद नहीं बदलती। कहना होगा कि आरक्षण के चलते जहाँ रूढ़िवादी सवर्ण लोगों की मानसिकता में कोई बदलाव नहीं आता, वहीं उच्च पदस्थ दलित वर्ग एक नए प्रकार की सामंती मानसिकता से ग्रस्त पाया जाता है। समाज की मानसिकता में बदलाव की आवश्यकता है। यह बदलाव न दलित चिंतकों द्वारा दलित वर्ग के शोषण की ऐतिहासिकता से चिपटे रहकर समाज में घृणा फैलाने से आ सकता है और न अपनी पहचान की सीमा में कैद रहकर संकीर्ण दृष्टिकोण अपनाने से यह संभव है। इसके लिए आवश्यकता है संपूर्ण समाज की मानसिकता में परिवर्तन की। क्योंकि जब तक दलित और सवर्ण संपूर्ण समाज इतिहास की अतिवादी समझ से कन्नी काटकर नए सिरे से समाज के ढाँचे में आमूल-चूल परिवर्तन नहीं करेगा, तब तक इस जटिल और ज्वलंत मुद्दे को सुलझाना संभव नहीं है। वस्तुतः आरक्षण इस समस्या का कोई स्थायी समाधान नहीं है। यह समाधान है भी या नहीं, इस पर भी तर्क दिए

जा सकते हैं। आरक्षण दलितों को विशेषीकृत रूप में दलित बनाए रखने का एक लुभावना षड्यंत्र है। आवश्यकता दलितों के संपूर्ण सामाजिक ढाँचे में घुल-मिल जाने की है, उन्हें पृथक् और विशेषीकृत बनाए रखने में नहीं। इस दृष्टि से यह आवश्यक है कि इस मुद्दे को सुलझाने के लिए दो दिशाओं से प्रयत्न किए जाएँ। एक दिशा से छुआछूत, जाति-व्यवस्था के विरुद्ध हमें एक जन-जागरण आरंभ करना होगा और दूसरी ओर सामाजिक विषमता का कारण गरीबी को मानते हुए पूरे समाज की उन्नति का प्रयास करना होगा। शिक्षा के अधिकाधिक प्रसार पर भी ध्यान दिए जाने की आवश्यकता है। यदि परंपरा से चली आ रही सड़ी-गली मानसिकता पर जन-जागरण और शिक्षा के द्वारा प्रहार किया जाए तो सामाजिक एकता का पथ प्रशस्त हो सकेगा। दलित चिंतकों और नेताओं को यह समझ लेना चाहिए कि समाज की मुख्यधारा से कटकर जाति के सीमित दायरे को पतन के रास्ते पर ही ले जा रहे हैं। दलित राजनीति का अर्थ सवर्णों के विरुद्ध प्रायोजित राजनीति नहीं है, बल्कि उसे सामाजिक-व्यवस्था में घुल जाने के रचनात्मक आंदोलन का रूप लेना होगा।

कहने का आशय यह है कि दलित को परिभाषित करते समय हमें इतिहास के अतीत पक्ष को ही नहीं, उसकी उस निरंतरता को भी आधार बनाना होगा, जो सामाजिक समग्रता की ओर उन्मुख है। 'दलित' शब्द को विशेषीकृत करने के स्थान पर हमें उसे एक आम निर्धन आदमी की पीड़ाओं के साथ भी जोड़ना होगा। दलित-समस्या का समाधान सवर्णों के प्रति घृणा की राजनीति करके 'दलितिस्तान' बनाने में नहीं है, बल्कि सामाजिक एकता का पथ प्रशस्त करने में है। हमें 'दलित' की परिभाषा इसी परिप्रेक्ष्य में करनी चाहिए।

हमने 'दलित' को परिभाषित करते हुए देखा कि न केवल सवर्ण समाज को, बल्कि संपूर्ण समाज को अपनी सोच बदलने की आवश्यकता है। यद्यपि इस क्रम में हम अपनी परिभाषा प्रस्तुत कर सकते थे, किंतु अन्य परिभाषाओं की तरह उसकी भी कुछ सीमाएँ होतीं। इसलिए हम अपने

दृष्टिकोण को व्यक्त करके 'दलित' को समझने के कुछ संकेत-सूत्र अवश्य दे सकते हैं, जिन्हें देने का हमने प्रयास किया है। यहीं यह प्रश्न भी उठता है कि अंततः किन विशेषताओं के आधार पर दलित-समुदाय की पहचान को रेखांकित किया जा सकता है? हमने जिन परिभाषाओं का विश्लेषण किया है; उनमें निश्चय ही दलित वर्ग की बहुत सी विशेषताएँ समाहित हैं। इन परिभाषाओं का विश्लेषण करके तथा अपने विवेक का उपयोग करके भी हमने दलितों की पहचान को रेखांकित करनेवाली कुछ विशेषताओं का निर्धारण किया है। यदि इन विशेषताओं पर विचार किया जाए, तो दलित वर्ग का एक संपूर्ण बिंब हमारे समक्ष उभर सकता है।

मूलभूत विशेषताएँ

सवर्ण समाज से दलित वर्ग को अलग करने में हमें उस शोषण का संदर्भ देना होगा, जो दलित वर्ग के साथ जुड़ा है। जिन दलित चिंतकों ने 'दलित' को परिभाषित किया है, उन सभी ने मुख्य रूप से दलितों के शोषण को उनकी पहचान के रूप में रेखांकित किया है। उनकी दृष्टि में दलित वह है, जो शोषित हो, उत्पीड़ित हो, पिछड़ा हो, पीड़ित हो, उपेक्षित हो, अपमानित हो, प्रताड़ित हो और वह सभी प्रकार से सताया गया हो। शोषण जितने भी प्रकार से किया गया, उसका उत्तरदायी हिंदू समाज के सवर्ण वर्ग को ठहराया गया है। इससे ऐसा प्रतीत होता है कि मानो पूरे भारतीय समाज में केवल 'दलित' ही शोषण, अत्याचार और अपमान के शिकार हैं, शेष समाज के व्यक्तियों का कहीं भी शोषण नहीं होता। दलित समाज के अतिरिक्त संपूर्ण समाज दलितों के शोषण के लिए तत्पर है। इस दृष्टि से शेष भारतीय समाज को देश-काल, परिवेश में निरंतर होनेवाले बदलावों को अनदेखा करके अत्याचारी और शोषक मान लिया गया है। इसमें कोई संदेह नहीं कि ऐतिहासिक क्रम में दलित वर्ग को सामाजिक और आर्थिक दोनों दृष्टियों से शोषण का शिकार होना पड़ा है। यह भी सच है कि इस शोषण के लिए उच्च जातियों के लोग दोषी हैं। किंतु संपूर्ण हिंदू समाज को इसके लिए दोषी ठहराना एक

अतिवादी निष्कर्ष है। हिंदू समाज अपनी अंत:प्रकृति से परिवेश, जीवन और समाज को उदार तथा व्यापक नजरिए से देखने का आदी है। वेदों, उपनिषदों और पुराणों में एवं अन्य धर्मग्रंथों में, कुछ अपवादों को छोड़कर व्यापक मानवीय मूल्यों की प्रतिष्ठा है। हमारे यहाँ विद्या और विनय से संपन्न ब्राह्मण, गाय, हाथी और चींटी, चांडाल में एक ही आत्मा का दर्शन करनेवाले व्यक्ति को पंडित माना गया है।[12] हिंदू-धर्म संपूर्ण जड़ और चेतन में एक ही परमात्म तत्त्व के दर्शन करता है। इसलिए वैचारिक स्तर पर हिंदू समाज में शोषण के लिए कोई स्थान नहीं है। भक्तिकालीन लोक-जागरण में भी भक्ति को समाज के हर वर्ग के लिए सुलभ माना गया है। कोई भी व्यक्ति, चाहे वह किसी भी जाति का हो, यदि उसके हृदय में अपने आराध्य के प्रति आस्था और सच्चा भक्ति-भाव है, वह भगवान् की कृपा का पात्र हो जाता है। इस दृष्टि से यदि हम विचार करें तो समूचे हिंदू समाज पर अन्यायी, अत्याचारी और शोषक होने का आरोप लगाना उचित नहीं है। इसके साथ-साथ इस देश में जैसे-जैसे आधुनिकीकरण का दौर आरंभ हुआ, नवजागरण की चेतना प्रदीप्त हुई, स्वतंत्रता संग्राम का शंखनाद हुआ, वैसे-वैसे दलितों के प्रति सवर्ण समाज की सोच में भी बदलाव आता गया और धीरे-धीरे उसी अनुपात में (यदि कुछ अपवादों को छोड़ दें) शोषण के दंश कम होते गए। दरअसल, भारतीय समाज में शोषण किसी वर्ग या जाति विशेष में सिमटा हुआ नहीं है, बल्कि समाज के सभी वर्गों और जातियों में शोषण के अनेक रूप हमें देखने को मिलते हैं। यह बात अलग है कि इस शोषण को जातिगत आधार दिए जाने पर यह अधिक तीखा हो जाता है, किंतु शोषण की प्रक्रिया अत्यंत जटिल है। यदि कहीं सवर्ण दलित का शोषण करता है तो वह अपने सजातीय वर्गों के शोषण में भी पीछे नहीं रहता। इसी बात को आगे बढ़ाएँ तो एक संपन्न और शक्तिसंपन्न दलित भी निर्धन दलित का शोषण करने में पीछे नहीं रहता। डार्विन ने 'Survival of the fittest' का जो सिद्धांत विश्व के सामने रखा था, वह शोषण की प्रक्रिया पर भी लागू होता है। शक्तिशाली के हाथों ही निर्बल का शोषण होता है, चाहे वह दलित हो अथवा सवर्ण।

इसलिए शोषण को 'दलित' की पहचान बनाना, शोषण के व्यापक परिप्रेक्ष्य से पलायन करना ही माना जाएगा। किंतु इसमें कोई संदेह नहीं कि दलित वर्ग ऐतिहासिक निरंतरता में शोषित होने के लिए अभिशप्त है। इस दृष्टि से दलित का शोषण उसकी पहचान को भी रेखांकित करता है।

धर्म को लेकर दलित वर्ग में दलित राजनीति के पुरोधाओं ने बहुत से संदेह, भ्रम और पूर्वग्रह उत्पन्न किए हैं। स्वयं बाबा साहेब अंबेडकर ने जीवन के अंतिम वर्षों में हिंदू-धर्म को छोड़कर बौद्ध धर्म ग्रहण कर लिया था। हिंदू-धर्म और समाज के प्रति बाबा साहेब की दृष्टि तार्किक होते हुए भी नकारात्मक थी। उन्होंने हिंदू समाज-व्यवस्था को भेदभावपूर्ण माना है। इस संबंध में वे लिखते हैं, ''यदि हिंदू समाज-व्यवस्था समता तथा भाईचारे पर आधारित नहीं है, तो वह कौन से सिद्धांतों पर टिकी हुई है? इस प्रश्न का केवल एक ही उत्तर है। कुछ लोग यह समझने में समर्थ होंगे कि वे क्या हैं, लेकिन उनकी प्रकृति और हिंदू समाज पर उनके प्रभाव के बारे में कोई संशय नहीं है। हिंदू समाज-व्यवस्था का पोषण तीन सिद्धांतों द्वारा होता है। इनमें सबसे पहला सिद्धांत है, सीढ़ी-दर-सीढ़ी भेदभाव का व्यवहार। इस चरणबद्ध असमानता का यह सिद्धांत मूल सिद्धांत है और विवाद से परे है। चारों वर्ण सपाट धरातल पर नहीं रचे गए हैं, जो भिन्न होते हुए भी समान हों। ये सीढ़ीनुमा धरातलवाले हैं। ये न केवल भिन्न-भिन्न हैं, वरन् स्थिति में भी असमान हैं और एक-दूसरे के ऊपर टिके हुए हैं। मनु की योजनानुसार ब्राह्मण को पहले वर्ण में रखा जाता है। उसके नीचे का क्षत्रिय वर्ण होता है। क्षत्रिय से निचले वर्ण का वैश्य होता है। वैश्य से निचला वर्ण शूद्र होता है तथा शूद्र से अगला वर्ण अतिशूद्र या अस्पृश्य का होता है। इन वर्गों के बीच अग्रता का यह क्रम मात्र परंपरागत नहीं है। यह आध्यात्मिक, नैतिक तथा वैधानिक है। जीवन का कोई भी हिस्सा ऐसा नहीं है, जो वर्गीकृत असमानता के इस सिद्धांत से अछूता हो।''[13] दरअसल, बाबा साहेब जब हिंदू-धर्म की परंपराओं का विश्लेषण करते हैं तो उनकी दृष्टि में केवल दलित प्रश्न रहता है। वे जो प्रमाण प्रस्तुत करते हैं, वे भी इसी दृष्टि से चयनित हैं। इसमें कोई संदेह नहीं कि उन्होंने हिंदू-धर्म की परंपराओं

का बहुत गहराई से अनुशीलन किया था, किंतु वे हिंदू-धर्म को परंपराओं के प्रति न तो बहुत सहानुभूतिपूर्ण थे और न ही संवेदनशील। इसलिए बाबा साहेब की विद्वत्ता, तर्कशीलता और प्रामाणिकता को नमन करते हुए भी हम इसे संपूर्णता में स्वीकार नहीं कर सकते।

प्राचीनकाल से दलित समाज हिंदू-धर्म से जुड़ा रहा है। हिंदू-परंपराएँ और रीति-रिवाज को वह प्रसन्नता से अपनाता रहा है। इस वर्ग के साथ तथाकथित उच्च वर्ग के कुछ लोगों ने जो अत्याचार किए, उनका जो शोषण हुआ, उस सबके बावजूद इस वर्ग ने हिंदू की परिधि से बाहर नहीं आना चाहा। मुसलमानों द्वारा इस वर्ग का जो भी धर्मांतरण किया गया, उसमें तलवार का जोर ही अधिक रहा। अपवादस्वरूप दलित वर्ग के कुछ लोगों ने स्वेच्छा से इसलाम को स्वीकार किया। ब्रिटिश शासन में बहुत से दलितों ने ईसाई धर्म को स्वीकार कर लिया। बाबा साहेब अंबेडकर की प्रेरणा से भी बहुत से दलितों ने बौद्ध धर्म को अपना धर्म मान लिया। इस संबंध में यह कहना उचित होगा कि स्वयं बौद्ध धर्म का सूत्रपात दलित हितों के संरक्षण के लिए नहीं हुआ था, "वास्तव में बुद्ध ने केवल अपनी लड़ाई लड़ी थी और वह भी ठीक तरह से नहीं लड़ी थी। उनका दलितों की समस्या से कुछ लेना-देना नहीं था। बुद्ध की समस्या एक साधन-संपन्न व्यक्ति की समस्या थी। ऐसे व्यक्ति की समस्या का समाधान दलित के लिए किसी मतलब का नहीं है।"[14] स्पष्ट है कि दलितों को कोई भी धर्म उनकी समस्याओं का समाधान नहीं दे सकता, क्योंकि इस धर्म की प्राथमिकताएँ और मूलभूत सिद्धांत दलितों की समस्याओं और स्थितियों से मेल नहीं खाते। धर्मवीर इसी परिप्रेक्ष्य में दलित वर्ग से प्रश्न करते हैं, "दलित अपनी समस्या से खुद दलित के रूप में जूझता क्यों नहीं है? वह विभिन्न धर्मांतरणों के द्वारा अपनी विशिष्ट पहचान खोता हुआ, छुपता क्यों है? उसे चुनौती मिलने पर चुनौती के सामने आना चाहिए।....उसे अपने जन्म से शिकायत क्यों है? वह धरती पर अपने जन्म लेने को त्योहार की तरह क्यों नहीं मनाता है?....दलित अपने संघर्ष की जिम्मेदारी लेने से क्यों बचता है? जो लड़ाई उस पर थोपी गई है,

उबाल खाकर वह उससे लड़ता क्यों नहीं है? वह बौद्ध धर्म, सिख धर्म, इसलाम धर्म और ईसाइयत के घरों में लुकता-छिपता क्यों फिर रहा है? क्या उसे यकीन है कि वहाँ वह ब्राह्मण द्वारा ढूँढ़ा नहीं जाएगा? सच यही है कि किसी भी धर्मांतरण के द्वारा वह लड़ नहीं रहा है, बल्कि छिप रहा है।''[15] इधर हाल के वर्षों में भी अनेक दलितों ने धर्मांतरण किया। यहाँ प्रश्न यह है कि क्या धर्मांतरण से उन्हें वह सम्मान मिला, जिसके वे हकदार थे? पहली बात तो यह है कि दलित वर्ग परंपरा से हिंदू-धर्म का अंग बना रहा, धर्मांतरण से उसे एक नए जीवन-व्यवहार को स्वीकार करना पड़ा, एक नई जीवन-पद्धति अपनानी पड़ी। ऐसा करने में वे स्वयं को इस नए धर्म में 'मिसफिट' महसूस करते थे। हिंदू-धर्म के संस्कार उनकी धमनियों में रक्त की तरह प्रवाहित होते रहे। इसी का यह परिणाम है कि बहुत से दलित धर्मांतरण के बाद हिंदू-धर्म में वापस लौट आए। वास्तविकता यह है कि धर्मांतरण दलित-समस्या का कोई कारगर समाधान नहीं है। दलितों को अपनी लड़ाई हिंदू-धर्म के भीतर रहकर ही लड़नी होगी, क्योंकि धर्मांतरण के बाद नए धर्म में उन्हें वैसा सम्मान नहीं मिला, जिसके वे अधिकारी थे। हिंदू-धर्म में दलितों को लेकर जो पूर्वग्रह मौजूद हैं, जो रूढ़ मानसिकता दलितों को अपने शोषण का शिकार बनाती है, उसका प्रतिरोध करके ही दलितों की स्थिति को बदला जा सकता है।

सामाजिक पिछड़ेपन को दलित वर्ग की एक पहचान के रूप में देखा जा सकता है। यह एक कटु सत्य है कि संपूर्ण दलित वर्ग सवर्णों की तुलना में विकास और समृद्धि से कोसों दूर है। लक्ष्मण शास्त्री इसका कारण निर्दिष्ट करते हुए लिखते हैं, '' 'दलित' मानवीय प्रगति में सबसे पीछे पड़ा हुआ या पीछे ढकेला गया सामाजिक वर्ग है। महाराष्ट्र के हिंदू समाज में महार, चमार, डोम आदि जिन जातियों को गाँव से बाहर रहने के लिए बाध्य किया गया और समाज, विशेषत: सवर्ण समाज जिनसे शारीरिक सेवाएँ तो लेता था, परंतु जीवनावश्यक प्राथमिक जरूरतों से जिन्हें जान-बूझकर वंचित रखा गया, पशुओं के स्तर पर घृणित जीवन जीने के लिए बाध्य किया गया, उन्हें

अछूत या दलित कहा गया।''[16] यद्यपि शास्त्रीजी ने अपने इस अभिमत में महाराष्ट्र का विशेष संदर्भ दिया है, किंतु इसे हम संपूर्ण भारतीय परिप्रेक्ष्य में भी ग्रहण कर सकते हैं। सवर्ण हिंदू समाज ने इनकी सेवाएँ तो ग्रहण कीं, लेकिन इनकी आधारभूत आवश्यकताओं की ओर कोई ध्यान नहीं दिया। फुले, पेरियार, अंबेडकर और शाहू महाराज के साहित्य में इस सामाजिक पिछड़ेपन को बहुत मर्मस्पर्शी अभिव्यक्ति दी गई है। इससे यह सिद्ध है कि दलित वर्ग तथाकथित उच्च जातियों की तुलना में निश्चय ही हीन अवस्था में रहा है। प्रश्न यह है कि इस सामाजिक पिछड़ेपन का कारण क्या केवल सवर्णों का अत्याचार ही है अथवा कुछ और कारण भी है, जिसकी चर्चा नहीं की गई? हमें दलितों के सामाजिक पिछड़ेपन के कारणों को समग्रता में देखना होगा। यह सही है कि तथाकथित उच्च जातियों की रूढ़िगत मानसिकता के कारण दलितों को सामाजिक प्रगति के अवसर नहीं मिल पाए, किंतु दलित समाज में भी कुछ रूढ़ियाँ, अंधविश्वास और पूर्वग्रह बने रहे, जिनके चलते इस सामाजिक पिछड़ेपन से मुक्ति नहीं पाई जा सकी। जब-जब दलित समाज-सुधारकों ने इस वर्ग के सामाजिक पिछड़ेपन को दूर करने के लिए आंदोलन किए तो उन आंदोलनों में सवर्णों की दूषित मानसिकता का विरोध करने के साथ-साथ दलितों को भी अपने भीतर की दुर्बलताओं से मुक्ति पाने के लिए प्रेरित किया गया। डॉ. धर्मवीर ने सामाजिक पिछड़ेपन को दूर करने के लिए तथाकथित उच्च जाति के लोगों को आलोचना के साथ-साथ दलितों को विषमतामूलक सत्ता की संरचनाओं को बदले जाने के लिए भी प्रेरित किया है।[17]

वस्तुतः अब तक दलितों ने अपने पिछड़ेपन को दूर करने के लिए कभी दूसरे धर्मों की ओर देखा है, तो कभी दलित चिंतकों और दलित समाज-सुधारकों को अपने उद्धार का आधार माना है। आवश्यकता इस बात की है कि सबसे पहले तो दलित को अपने भीतर झाँककर पिछड़ेपन के उन कारणों का संधान करना चाहिए, जो इसके लिए मूल रूप से उत्तरदायी हैं। ऐसा करने पर उसे ज्ञात होगा कि उसे अपनी स्थिति से उबरने के लिए स्वयं

कटिबद्ध होना होगा और अपने समाज के भीतर व्याप्त बुराइयों को समझकर, उनको दूर करने के लिए कारगर कोशिश करनी होगी। सदियों से शोषण और अत्याचार सहन करते-करते वह यथास्थितिवादी हो गया है। उसने अपनी जाति की गुफा में स्वयं को छिपाकर पलायनवादी मानसिकता से समझौता कर लिया है। वह कहीं-न-कहीं अपनी जाति की पहचान को उजागर करने से बचना चाहता है। दलितों को अपनी जाति में व्याप्त कुरीतियों और अंधविश्वासों से निजात पानी होगी। सवर्णों में कुछ अच्छाइयाँ हैं, उनका अनुकरण करना होगा। अपने व्यक्तित्व में उन्हें एक गरिमा और तेजस्विता उत्पन्न करनी होगी। उन्हें यह भी मानना होगा कि हिंदू-धर्म उच्च जातियों की बपौती नहीं है, बल्कि वह उनका अपना धर्म है। उन्हें हिंदू-धर्म मात्र से घृणा करना छोड़कर उसकी अच्छी बातों को अपने जीवन में ढालना होगा, तभी वे अपने सामाजिक पिछड़ेपन से उबर सकेंगे। दलित वर्ग के लिए इतर जातियों या हिंदू-धर्म से घृणा उतनी ही घातक है, जितना स्वयं के प्रति हीनता का भाव। विडंबना यह है कि हमारे आज के दौर में हिंदू-धर्म और दलितेतर जातियों के प्रति जो घृणा की राजनीति हो रही है, इस वर्ग से जुड़े सकारात्मक बदलाव की जो उपेक्षा की जा रही है और यह कहा जा रहा है, ''आजादी मिली है? हाँ, मिली है। किनको? जिनको जरूरत थी उनको या जिन्हें अंग्रेजों के समय में भी आजादी हासिल थी उन्हें? आजादी क्या उसे मिली, जो गुलाम था तन से, गुलाम था मन से और गुलाम था धन से? या आजादी उसे मिली जो सशक्त था, बलशाली था, धन से ऐश्वर्यशाली था, केवल मानसिक तौर पर कभी उसके 'स्व' को धक्का लगता था एवं वह वर्ग सोचता था कि वह मानसिक तौर पर स्वतंत्र नहीं था; क्योंकि उसके ऊपर अंग्रेजी शासक था और वह उसे भी तोड़ने के लिए तिलमिला उठता था। यद्यपि ऐसा वर्ग अंग्रेजी शासन से साँठ-गाँठ करके दीन, हीन कृषक जनसमुदाय का भरपूर आर्थिक, सामाजिक, धार्मिक रूप से शोषण करता था।''[18] लेखक दलित-समाज को यह बताने का प्रयत्न कर रहा है कि वे आज भी स्वतंत्रता के दायरे से बाहर हैं। उनकी स्थिति में आज भी कोई परिवर्तन नहीं हुआ है।

सरकारी या अर्द्धसरकारी संस्थाओं द्वारा दलितों की स्थिति सुधरने का केवल प्रचार किया जा रहा है। ये सारी योजनाएँ केवल कागजों तक सीमित हैं। इनमें से कोई योजना व्यावहारिक रूप से लागू नहीं की गई। लेखक के ये सारे दावे पूरी तरह सच नहीं हैं। दरअसल, ऐसे अभिमत भोले-भाले दलितों के असंतोष को भड़काते हैं और खतरनाक रूप से सामाजिक अलगाव पैदा करते हैं। यदि हम तटस्थ और विवेकपूर्ण स्थिति से देखें तो स्पष्ट होगा कि आजादी के बाद दलितों की स्थिति में आशातीत परिवर्तन आया है। कोई भी विवेकवान व्यक्ति इस बात से भी इनकार नहीं कर सकता कि सरकारी योजनाओं ने दलितों के पिछड़ेपन को बहुत हद तक कम किया है। यह सही है कि अभी बहुत कुछ किया जाना बाकी है, किंतु यह कहकर कि दलितों की स्थिति में आज भी किसी प्रकार का सकारात्मक बदलाव नहीं आया है, दलितों में निराशा पैदा करने के साथ-साथ घृणा और अलगाव की राजनीति को भी बढ़ावा देना है। दरअसल, सामाजिक पिछड़ेपन से निजात पाने के लिए दलितों को दोहरे मोरचे पर लड़ाई लड़नी होगी। एक ओर तो उन्हें तथाकथित उच्च जातियों से वैचारिक रूप से संघर्ष करना होगा और दूसरी ओर उन्हें अपने में व्याप्त उन कारणों का उन्मूलन करना होगा, जो इस सामाजिक पिछड़ेपन के मूल में विद्यमान हैं।

दलितों की पहचान उनकी जाति से ही की जाती है। जाति को दलित की पहचान बनाने के परोक्ष में तीन आधार हैं। एक तो धार्मिक और सामाजिक परंपराओं में निहित मान्यताओं के तहत उसे जातिगत सीमाओं में बाँध दिया गया है। वेदों, स्मृतियों, पुराणों में जिस प्रकार मिथकों और प्रतीकों का सहारा लेकर इस वर्ग का स्थान एवं स्थिति का निर्धारण किया गया है, उसके चलते न केवल 'दलित' को एक नकारात्मक पहचान दी गई, बल्कि यह पहचान ही तथाकथित उच्च जाति के लोगों के द्वारा शोषण का आधार बनी। यहाँ यह कहना उचित होगा कि जिस प्रकार पारंपरिक ग्रंथों द्वारा दलितों को नकारात्मक पहचान दी गई, उसके ऐतिहासिक और परिस्थितिजन्य कारण हैं। हिंदू-धर्म की मूल धारा इसका समर्थन नहीं करती। दूसरे, दलितों द्वारा परंपरा से

अनुमोदित जातिगत अस्मिता को नियति मानकर स्वीकार कर लिया गया। सामाजिक व्यवस्था में दलितों को जो कार्य सौंपे गए, वे तथाकथित सवर्णों के योग्य नहीं माने जाते थे। जब दलितों ने इन कार्यों को अपना लिया तो अपने कार्य के आधार पर दलितों ने अपनी जातिगत पहचान को भी स्वीकार कर लिया। तीसरे, जैसे-जैसे दलित वर्ग में जागरूकता बढ़ी, वैसे-वैसे इस जातिगत अस्मिता को नए ढंग से परिभाषित किया जाने लगा। दलित विचारकों ने जाति सूचक शब्दों को दलितों के अपमान का प्रतीक न मानकर उसे उनके सम्मान, पहचान और आत्मविश्वास से जोड़ा। निश्चय ही इसके लिए बहुत साहसपूर्ण मानसिकता की आवश्यकता थी। इस अवधारणा को आगे बढ़ाते हुए डॉ. धर्मवीर ने लिखा, ''चमार, चमार है, पर जब वह ब्राह्मण को कुश्ती के मैदान में ढहा लेगा तो वह कैसा चमार होगा? वह ऐसा ही चमार बन जाए कि ब्राह्मण हाथ जोड़कर उसका सम्मान करने लगे। फिर शब्दों में क्या रह जाएगा? असली समस्या पहचान की है। दलित चाहता है कि विभिन्न धर्मांतरणों के द्वारा उसकी पहचान मिट जाए, लेकिन चिंतन के स्तर पर यही बात उसके सबसे ज्यादा नुकसान में है। उलटे उसे अपनी पृथक् और विशिष्ट पहचान खुद खोजनी चाहिए।''[19] धर्मवीर की दृष्टि में महत्त्व किसी जातिसूचक संज्ञा का नहीं है, बल्कि समाज में किसी व्यक्ति का सम्मान इस आधार पर निर्धारित होता है कि सत्ता, बाहुबल और संपन्नता की दृष्टि से वह कितना शक्तिशाली है। डॉ. धर्मवीर ने यह भी संकेतित किया है कि दलित लोग अपने जातिसूचक नाम को लेकर आत्महीनता का अनुभव करते हैं और प्राय: अपनी जाति को छुपाने का प्रयत्न भी करते हैं। दलित वर्ग के सामने सबसे बड़ा संकट उनकी दृष्टि में पहचान को लेकर है। वास्तव में पहचान को लेकर दलित समुदाय स्वयं अंतर्विरोधग्रस्त है। एक ओर तो वह अपनी जातिगत अस्मिता को रेखांकित करने के लिए संघर्ष कर रहा है, तो दूसरी ओर वह अवसर आने पर अपनी जाति बताते हुए आत्महीनता का अनुभव करता है। एक ओर वह आरक्षण को बनाए रखकर सारी सुविधाएँ चाहता है, जो उसे उसकी जातिगत पहचान के आधार पर मिलती है। दूसरी ओर 'जाति'

को लेकर उसके मन में आत्महीनता का भाव है। दलित चिंतक इस अंतर्विरोध को समाप्त करने के लिए दलितों को प्रेरित करते हैं कि वे अपनी जाति को रेखांकित करे। इस संबंध में डॉ. धर्मवीर का यह मानना है, "समाधान यह है कि दलित चिंतक खराब-से-खराब, कमजोर-से-कमजोर और घृणित-से-घृणित शब्द अपने लिए पकड़ लें और उसी का अर्थ बदल दें। शब्दों के अर्थ स्थायी नहीं हैं और बिना किए कुछ मिलता नहीं है।"[20] यहाँ प्रश्न यह उठता है कि यदि खराब, कमजोर और घृणित शब्द को स्वीकार कर भी लें तो उसका अर्थ बदलना कैसे संभव है? वे अपने समुदाय के सम्मुख नए अर्थ को लेकर समाज के सामने आत्महीनता का अनुभव न करें, बल्कि पूरे आत्मविश्वास ने अपनी जाति को रेखांकित कर सकते हैं, किंतु दलितेतर समाज में इस नए अर्थ को तब तक स्वीकृति नहीं मिलेगी, जब तक दलितेतर वर्ग की मानसिकता में आधारभूत परिवर्तन नहीं होगा। वस्तुत: प्रश्न जातिगत अस्मिता को रेखांकित करने का नहीं है, बल्कि उस शब्द को लेकर पूरे समाज की मानसिकता में मूलगत परिवर्तन का है।

जब हम दलित वर्ग को परिभाषित करते हैं तो दलितों की प्रवृत्ति में उनका भाग्यवादी दृष्टिकोण उभरकर सामने आता है। यों तो हिंदू-धर्म की प्रमुख अवधारणाओं में भाग्यवादी दृष्टिकोण आवश्यक रूप से मौजूद है। यह माना गया है कि मनुष्य चौरासी लाख योनियों में जन्म लेता है और उसके वर्तमान जन्म के कर्मों से उसके भावी जीवन के स्वरूप का निर्धारण होता है। यदि मनुष्य ने पिछले जन्म में अच्छे कर्म किए हैं तो उसका वर्तमान जीवन सुख और समृद्धि से भरपूर होगा। आज यदि कोई व्यक्ति सुखी, समृद्ध और उन्नतिशील है तो हिंदू-धर्म यह मानता है कि यह उसके पिछले जन्म के सत्कर्मों का फल है। यदि उसने पिछले जन्म में अच्छे कर्म नहीं किए तो उसे इस जन्म में कष्ट भोगने होंगे। 'रामचरितमानस' में तुलसी ने लिखा है—

'कर्म प्रधान बिस्व करि राखा।
जो जसि करहिं तो तस फल चाखा॥'[21]

मनुष्य को बार–बार इस विश्व में जन्म लेना पड़ता है। एक जन्म के कर्म, दूसरे जन्म के फलों का निर्धारण करते हैं। यह बद्धमूल दृष्टिकोण अधिकांश हिंदू समाज में मौजूद है। हिंदू–धर्म–ग्रंथों ने भाग्यवाद का निर्धारण अनेक जन्मों और उनमें विद्यमान कर्म तथा फलों के पारस्परिक संबंध के आधार पर किया है। इसलिए यह मान लिया गया है कि मनुष्य के वर्तमान जीवन में जो दुःख मौजूद हैं, उनसे वह प्रयत्न करके भी उबर नहीं सकता। उसके भाग्य का निर्धारण उसके कर्मफल करते हैं। 'रामचरितमानस' में मनुष्य की नियति को इसी आधार पर ईश्वर की इच्छा पर छोड़ दिया गया है—

'होइहि सोई जो राम रचि राखा।
को करि तरक बढ़ावहि साखा॥'[22]

इस भाग्यवाद का परिणाम यह हुआ कि हिंदू समाज में अपनी परिस्थितियों, सामाजिक जड़ता और राजनीतिक सत्ता के बदलने का प्रयत्न मध्ययुग में प्रायः नहीं किया गया। इस संदर्भ में मंथरा कैकेयी से कहती है, 'कोई नृप होए हमहि का हानि, चेरि छाँड़ि अब होब कि रानी।'[23] 'रामचरितमानस' में मंथरा शासन–परिवर्तन का कोई प्रभाव अपने पर नहीं देखती, तो उसे इसका यही कारण समझ में आता है कि अपने पिछले जन्म के बुरे कर्मों के कारण किसी भी प्रयत्न से उसकी स्थिति में बदलाव नहीं आ सकता।

हम दलित समाज को हिंदू–धर्म और उसकी परंपराओं से कितना भी अलगाना चाहें, किंतु हिंदू–धर्म की कुछ मान्यताएँ और उसके संस्कार उसकी चेतना में बद्धमूल हो गए हैं। नियतिवाद भी उसमें एक है। उसे परंपरा से यह सिखाया गया है कि अपने वर्तमान जीवन में यदि वह दलित होकर जनमा है और वह शोषण, अपमान तथा अत्याचार का शिकार है तो उसके पीछे वे बुरे कर्म हैं, जो उसने पिछले जन्म में किए थे। इसलिए उसे अपनी परिस्थितियों को बदलने के लिए कोई प्रयत्न नहीं करना चाहिए, बल्कि इस जन्म में ऐसे अच्छे कर्म करने चाहिए, जिससे वह अगले जन्म में 'दलित' के रूप में पैदा

न होकर तथाकथित ऊँची जातियों में जन्म ले और सब प्रकार से अगले जन्म में उसका भावी जीवन सुखी एवं समृद्ध हो। जिन कारणों से दलित वर्ग की सामाजिक, आर्थिक और सांस्कृतिक स्थिति में कोई बदलाव नहीं आया है, उसका एक प्रमुख कारण है कि दलित वर्ग कर्म-फल की मान्यता तथा भाग्यवादी दृष्टिकोण से ग्रस्त है। यद्यपि महात्मा ज्योतिबा फुले, बाबा साहेब डॉ. भीमराव अंबेडकर और परवर्ती दलित समाज सुधारकों ने दलितों में व्याप्त भाग्यवादी मानसिकता से उन्हें मुक्त करने के लिए विचार और व्यवहार के स्तर पर अनेक आंदोलन चलाए, जिनका परिणाम यह हुआ कि अब दलित वर्ग में यह आत्मविश्वास उभरकर सामने आया है कि वे भी विभिन्न उपायों से अपने सामाजिक, आर्थिक, राजनीतिक तथा सांस्कृतिक स्तर को बदल सकते हैं। दलित जागरण संबंधी विभिन्न आंदोलनों से प्रभावित होकर वे अब यह मानने लगे हैं कि कर्मफल सिद्धांत और भाग्यवाद उन्हें ज़ड़ तथा निष्क्रिय बनाए जाने का एक नियोजित षड्यंत्र है।

इसमें कोई संदेह नहीं कि आधुनकि युग में पहली बार बाबा साहेब भीमराव अंबेडकर ने दलितों की राजनीतिक भागीदारी के महत्त्व को समझा और उसके लिए जीवनपर्यंत संघर्ष किया। बाबा साहेब ने 20 नवंबर, 1930 को 'गोलमेज कॉन्फ्रेंस' की पाँचवीं बैठक में अपना पक्ष प्रस्तुत करते हुए कहा, 'हमें बार-बार याद दिलाया जाता है कि दलित वर्गों की समस्या एक सामाजिक समस्या है और उसका समाधान राजनीति में नहीं है। हम इस विचार का जोरदार विरोध करते हैं। हम यह महसूस करते हैं कि जब तक दलित वर्गों के हाथ में राजनीतिक सत्ता नहीं आती, उनकी समस्या का समाधान नहीं हो सकता। यह सत्य है तथा हमारे विचार में इसके अलावा और कुछ सत्य हो ही नहीं सकता कि दलित वर्गों की समस्या मुख्य रूप से एक राजनीतिक समस्या है एवं उसे ऐसा ही माना जाना चाहिए। हम जानते हैं कि राजनीतिक सत्ता अंग्रेजों के हाथ से निकलकर ऐसे लोगों के हाथों में जा रही है, जिनका हमारे जीवन पर अत्यधिक आर्थिक, सामाजिक और धार्मिक प्रभुत्व है। हम चाहते हैं कि सत्ता का हस्तांतरण हो, चाहे स्वराज्य का विचार अतीत में हम पर किए गए जुल्म, अत्याचार और

अन्याय की याद दिलाता हो, और हो सकता है कि स्वराज्य प्राप्ति के पश्चात् हमें पुन: उन जुल्मों एवं अत्याचारों का शिकार होना पड़े, हम इस आशा पर यह खतरा भी उठाने के लिए तैयार हैं कि अपने देशवासियों के साथ-साथ हमें भी राजनीतिक सत्ता में पर्याप्त प्रतिनिधित्व मिलेगा। उसे हम एक ही शर्त पर स्वीकार करेंगे कि हमारी समस्याओं के समाधान में विलंब नहीं किया जाएगा, क्योंकि हमने किसी चमत्कार के होने के पहले ही लंबी प्रतीक्षा की है। जब-जब अंग्रेजी सरकार ने प्रतिनिधित्व देने के लिए कदम उठाए हैं, हर बार दलित वर्गों को जान-बूझकर छोड़ दिया गया है। राजनीतिक सत्ता में उनके दावे पर बिल्कुल ध्यान नहीं दिया गया। मैं इस बात का पुरजोर विरोध करता हूँ और अब हम इसे और सहन नहीं करेंगे। सामान्य राजनीतिक समझौते के साथ ही हमारी समस्या का समाधान किया जाना चाहिए और उसे भावी शासकों की सहानुभूति और सद्भावना की बालू पर नहीं छोड़ा जाना चाहिए। दलित वर्ग इस बात पर क्यों जोर दे रहे हैं, इसके स्पष्ट कारण हैं।

"यह सर्वविदित है कि जिस व्यक्ति के पास सत्ता होती है, वह उस व्यक्ति की अपेक्षा अधिक ताकतवर होता है, जिसके पास यह नहीं होती। हम सभी जानते हैं कि जिनके पास सत्ता होती है, वे उनके पक्ष में सत्ता छोड़ने के लिए कभी तैयार नहीं होते, जो सत्ता के बाहर होते हैं। अत: हमें आशा नहीं है कि हमारी सामाजिक समस्या का समाधान होगा। आज हम जिन्हें सत्ता और सम्मान के सिंहासन पर आरूढ़ करने के लिए सहायता कर रहे हैं, उन्हें हटाने के लिए हमें एक और क्रांति करनी होगी, तभी सत्ता हमारे हाथों में आ सकेगी।"[25] यहाँ बाबा साहेब ने पहली बार इस पूर्व प्रचलित मान्यता का खंडन किया कि दलितों की समस्या सामाजिक है। उन्होंने इसे राजनीतिक समस्या के रूप में प्रस्तुत किया। उन्होंने यह माना कि राजनीतिक सत्ता में भागीदारी दलितों की सर्वांगीण उन्नति का आधार बनेगी, किंतु बाबा साहेब अपने समय के चिंतक और समाज-सुधारक ही नहीं थे, बल्कि भविष्यद्रष्टा भी थे। वे जानते थे कि दलितों की राजनीतिक भागीदारी में उन्हें बहुत सी समस्याओं का सामना करना पड़ेगा। उन्हें आशंका थी कि जैसे ही

दलित राजनीतिक वर्चस्व प्राप्त करने की दिशा में आगे बढ़ेंगे, वैसे ही उन्हें दलितेतर जातियों की हिंसा का सामना करना पड़ेगा। इसे रोकने के लिए उचित अनुपात में पुलिस–बल और कठोर दंड–व्यवस्था की आवश्यकता होगी। इसके साथ ही दलितों की आर्थिक दुरावस्था को भी बाबा साहेब ने राजनीतिक भागीदारी का एक अवरोधक तत्त्व माना है। वे यह भी मानते हैं कि तथाकथित उच्च जातियों की घृणित मानसिकता दलितों को राजनीतिक रूप से शक्तिशाली बनने में रुकावटें खड़ी करेगी।[25] इन समस्याओं को दृष्टि में रखते हुए बाबा साहेब ने कुछ ऐसे सुझात्र भी प्रस्तुत किए हैं, जिनके आधार पर दलितों की राजनीतिक भागीदारी सुनिश्चित की जा सके। 31 दिसंबर, 1930 को अल्पसंख्यकों से संबंधित दूसरी बैठक में उन्होंने कहा, ''सबसे पहले तो प्रस्तावित संविधान में एक ऐसे मौलिक अधिकार की व्यवस्था की जाए, जो सार्वजनिक जीवन में अस्पृश्यता को पूरी तरह अवैध घोषित करे। भावी संविधान के बारे में किसी सहमति पर पहुँचने से पहले हमें इस घृणित सामाजिक कुरीति से पूर्णतः मुक्ति का रास्ता ढूँढ़ना होगा। यह मौलिक अधिकार इस तरह की अन्य कुरीतियों को भी दूर करे, जो मानव–मानव के बीच भेदभाव और पक्षपात बरतती है। अभी मैंने 'सामाजिक बहिष्कार' का उल्लेख किया था। इसके विरुद्ध भी कानून बनना चाहिए। इस बारे में मैंने ज्ञापन में कुछ प्रस्ताव रखे हैं। ये बर्मा में लागू एक अधिनियम से लिये गए हैं। इस समय इन प्रस्तावों पर मैं विस्तृत चर्चा नहीं करना चाहता। कुल मिलाकर हम चाहते हैं कि दमन और उत्पीड़न रोकने की जो जिम्मेदारी सरकारी अधिकारियों को सौंपी गई है, उसे और प्रभावी बनाया जाए। फिलहाल, भारत सरकार अधिनियम की धाराएँ 110 और 111, जो अधिकारियों को यह जिम्मेदारी सौंपती हैं, बहुत स्पष्ट नहीं है तथा अंत में हम चाहते हैं कि दलितों को किसी भी तरह के पक्षपात या उनके हितों की अनदेखी के खिलाफ केंद्र सरकार से अपील करने एवं वहाँ से असफल होने पर भारत मंत्री के सम्मुख अपील करने का अधिकार मिले। दलितों के उत्थान के लिए भारत सरकार में एक विशेष विभाग बनाया जाए।[26] बाबा

साहब ने दलितों की राजनीतिक भागीदारी के लिए जो सुझाव प्रस्तुत किए हैं, उसमें अस्पृश्यता को लेकर वे बेहद संवेदनशील हैं और इसे समाप्त करने के लिए वे कानून बनाने के पक्ष में हैं, किंतु इधर हाल के वर्षों में कांशीराम ने जिस प्रकार 'बामसेफ', 'बी.एस.-4' तथा 'ब.स.पा.' बनाकर दलितों की राजनीतिक भागीदारी को सुनिश्चित करने का प्रयास किया, उसमें पहली बार दलित वर्ग को अपने सत्ता में आने की संभावनाओं का अनुभव हुआ। कांशीराम के राजनीतिक उत्तराधिकार को ग्रहण करते हुए सुश्री मायावती ने दलित वर्ग का नेतृत्व सँभाला और चुनावों में दलित वर्ग ने सक्रिय एवं रचनात्मक रूप से मतदान में भाग लिया। मायावती ने अपने राजनीतिक चातुर्य के बल पर उत्तर प्रदेश में राजनीतिक सत्ता पाने के लिए दलितों को गोलबंद किया। दलितों ने तन-मन-धन से मायावती को अपना पूरा समर्थन दिया। इससे दलितों की राजनीतिक हिस्सेदारी में उभार आता गया। किंतु मायावती ने दलितों के सामूहिक कल्याण को अपना उद्देश्य न बनाकर सत्ता प्राप्त करने के लिए ब्राह्मणों सहित सर्वसमाज का सहयोग लिया। उनकी प्राथमिकता में 'आम दलित' के हितों को साधना नहीं था, बल्कि दलित महापुरुषों के स्मारकों और स्मृतियों का वैभवपूर्ण प्रदर्शन था।

इसके साथ-साथ पार्टी के लिए अधिकाधिक धन-संग्रह को भी प्रमुखता दी गई। इसका परिणाम यह हुआ कि सत्ता में उन्हीं की भागीदारी सुनिश्चित हो पाई, जो धन अथवा बाहुबल से मायावती को सत्ता तक पहुँचा सकते थे। आज भी दलित समुदाय अपनी मूल समस्याओं का समाधान न होने के कारण सत्ता के गलियारों से दूर शोषणपूर्ण जीवन जीने के लिए अभिशप्त है। आवश्यकता इस बात की है कि "दलित संगठनों का ज्ञापन बताता है कि राजनीतिक लोकतंत्र की अभी तक की कोशिशें और उसका मौजूद रूप सामाजिक समता की उपलब्धि में सिर्फ एक हद तक ही मदद कर पाया है तथा उस हद को समता का नाम देना, इस धारणा के साथ घोर अन्याय होगा।"[27] अभी तक कांग्रेसी शासन या दलित नेताओं के प्रयत्नों के फलस्वरूप दलितों के सम्मान का प्रश्न काफी हद तक अनुत्तरित है। "दरअसल, भारतीय

संदर्भ में राज्य ने दलितों, आदिवासियों और महिलाओं के सम्मान एवं गरिमा की रक्षा में काफी सीमित भूमिका अदा की है। असंवैधानिक प्रावधानों पर अमल न करना इसका एक पहलू है, लेकिन भारतीय राज्य ऐसे कदम भी उठाता है, जो दलित और महिला को बेइज्जत करते हैं। राज्य जीवित मनुष्यों की अस्मिता को नाना प्रकार के कार्डों से निकलनेवाली पहचान का पर्याय बना देता है। राशन कार्ड और गरीबी रेखा से नीचे रहनेवालों की शिनाख्त करनेवाले कार्ड, सूखा-पीड़ितों के लिए पीले कार्ड, अनुसूचित जाति या जनजाति का सदस्य होने के प्रमाण-पत्र या कार्ड, गरीब बच्चों को दोपहर का भोजन बाँटने के लिए कार्ड आदि जैसे सभी राजकीय कदम इसी निरंतर होती अवमानना का सिलसिला हैं।''[28] इससे यह सिद्ध है कि सारे राजनीतिक और संवैधानिक प्रयत्नों के बावजूद दलितों को उचित सम्मान अब तक प्राप्त नहीं हो सका है। वास्तव में इसके लिए संपूर्ण समाज की परंपरागत, रूढ़ मानसिकता में बदलाव होना आवश्यक है। इसके साथ ही दलित नेताओं और सत्ताधारियों का वह वर्ग, जो सत्ता को प्राथमिकता देकर दलित प्रश्नों की उपेक्षा कर रहा है, उसे अपने भीतर झाँकते हुए दलित समस्याओं से जूझने तथा उनका समाधान करने के लिए साहसपूर्ण ढंग से अपनी नीतियों में मौलिक बदलाव लाना होगा।

दलितों की एक पहचान उनकी निर्धनता भी रही है। यद्यपि निर्धनता का संबंध किसी जाति विशेष से नहीं है। पूरे विश्व में धनवानों और निर्धनों का सह-अस्तित्व रहा है। मार्क्स का समूचा दर्शन इस शोषित और उत्पीड़ित निर्धन वर्ग, जिसका संबंध प्रमुख रूप से किसानों और मजदूरों से है, पक्षधरता पर टिका रहा है। दरिद्रता एक ऐसी यातना है, जो भौतिक और मानसिक रूप से किसी वर्ग को सर्वाधिक पीड़ा पहुँचाती है। अंग्रेजी में भी कहा गया है, 'Poverty is a curse.' सच तो यह है कि गरीबी अपनी छाया फैलाने में न व्यक्ति का भेद करती है, न जाति का। वह जिसको भी चाहती है, अपनी अभिशप्त छाया से ग्रस लेती है। किंतु जहाँ तक दलितों का प्रश्न है, इसके पीछे निश्चय ही कुछ जातिगत कारण भी रहे हैं। यदि हम गाँवों की सामाजिक

और आर्थिक व्यवस्था पर दृष्टिपात करें तो हम पाएँगे—"परंपरागत ग्राम-समाज में जिन जातियों के लोगों के पास जमीन नहीं थी, वे भी गाँव की सामाजिक-आर्थिक व्यवस्था के अभिन्न अंग थे। ये लोग समाज को तरह-तरह की सेवाएँ प्रदान किया करते थे। ये सेवाएँ मोटे तौर पर दो वर्गों में होती थीं—(i) शारीरिक श्रम और कुशलता से युक्त सेवाएँ तथा (ii) शारीरिक श्रम से रहित सेवाएँ। जुलाहे, लुहार, बढ़ई, चमार और सफाई करनेवालों सहित सभी परंपरागत दस्तकार पहले वर्ग में आते हैं तथा पुजारी, अध्यापक एवं लेखक आदि दूसरे वर्ग में। शारीरिक श्रम से रहित काम ब्राह्मण और क्षत्रिय जैसी ऊँची जातियों के एकाधिकार में रहे हैं। दस्तकारी और शारीरिक श्रम के काम निचली श्रेणी में रखे गए एवं इन कामों के बीच अनेक प्रकार के स्तर हैं। इन दस्तकारों के अतिरिक्त अब खेतिहर मजदूरों का बड़ा वर्ग बन गया है। शुरू में ये लोग ऐसी कुछ खास जातियों के होते थे, जो खेती का काम अच्छी तरह करना जानते थे, किंतु गाँवों की आर्थिक हालत बिगड़ने पर खेतिहर मजदूरों में और जातियों के लोग भी शामिल हो गए हैं, लेकिन इनमें से अधिकांश नीच जातियों के हैं।"[29] जिस प्रकार का श्रम विभाजन गाँवों में होता था, वह उच्च जातियों के लिए तो अनुकूल था, किंतु इस व्यवस्था में निम्न जातियों का शोषण उनकी नियति थी। "परंपरागत ग्राम अर्थव्यवस्था संतुलित थी और सुव्यवस्थित नियमों के अनुसार विभिन्न सेवाओं का पारिश्रमिक दिया जाता था। यह कहा जा सकता है कि ये नियम मेहनत के काम-धंधे करनेवाली नीच जातियों के लोगों के हितों के सर्वथा प्रतिकूल थे। ग्राम अर्थव्यवस्था में इन लोगों के वास्तविक योगदान से इन नियमों का कोई सरोकार नहीं था। कुछ मामलों में पारिश्रमिक बहुत ही कम दिया जाता था और इससे न्यूनतम जरूरतें भी पूरी नहीं हो पाती थीं। इन लोगों के सामने और कोई उपाय न होने के कारण इन्हें मजबूरन मेहनत-मजदूरी करनी पड़ती थी। नीची जाति के लोग अपनी हालत को भाग्य का खेल समझकर संतोष कर लेते थे।"[30] वास्तव में दलितों के इस आर्थिक शोषण को सामाजिक शोषण ने असहनीय बना दिया था। जाति को लेकर अपमान, उपेक्षा एवं घृणा

ने उनकी आर्थिक बदहाली को एक भयावह पीड़ादायक यातना में बदल दिया था। आजादी मिलने के पहले तक गाँवों में दलितों की यही स्थिति थी और आज भी इस स्थिति में कोई महत्त्वपूर्ण बदलाव नहीं हुआ है, किंतु जहाँ तक नगरों की बात है, जैसे-जैसे संवैधानिक प्रावधानों के अनुसार दलितों का आर्थिक रूप से सशक्तीकरण हो रहा है, वैसे-वैसे उन्हें सामाजिक प्रतिष्ठा भी मिलती जा रही है। ''शहरों में दो महत्त्वपूर्ण कारणों से यह भेदभाव उतना नहीं रह गया है, जितना दिखाई देता है। पहली बात तो यह है कि शहरी इलाकों में रहन-सहन का तौर-तरीका व्यक्ति की जाति पर नहीं, अपितु उसकी आर्थिक स्थिति पर निर्भर होता है। इसके अतिरिक्त जाति पर आधारित छुआछूत जैसे विचार भी खत्म हो गए हैं। दूसरे, शहरों की आबादी, विशेष रूप से उच्च और मध्य वर्ग की जनसंख्या अधिकतर ऊँची जातियों के लोगों की है। देहाती इलाकों में भी इन लोगों के बीच अनेक समानताएँ थीं। इसके परिणामस्वरूप शहरी इलाकों में जातीय भेदभाव अपेक्षाकृत कम हैं। फिर भी शहरी इलाकों में जातिगत भेदभाव की बुराइयाँ समाप्त नहीं हुई हैं। जाति महत्त्वपूर्ण भूमिका निभा रही है और गरीबी के मामले में यह एक प्रधान तत्त्व है।''[31] आवश्यकता इस बात की है कि गाँवों में इस प्रकार के उद्योग-धंधों की स्थापना की जाए, जिसमें बिना किसी भेद-भाव के सभी जातियों को प्रतिनिधित्व मिले। इससे निश्चय ही दलितों का भी आर्थिक स्तर बढ़ेगा और इसके साथ ही उन्हें सामाजिक स्वीकृति मिलनी आरंभ हो जाएगी।

दलितों की बहुत सी सामाजिक और आर्थिक समस्याओं के मूल में उनकी अशिक्षा है। यह कहने की आवश्यकता नहीं कि जहाँ पर शिक्षा का प्रसार होता है, वहाँ पर रूढ़ियाँ, अंधविश्वास और कुरीतियाँ नहीं रहतीं। यद्यपि इसे हम अकाट्य नहीं मान सकते। इस वैश्वीकरण के दौर में भी बहुत से शिक्षित व्यक्ति अंधविश्वासों और कुरीतियों को वैचारिक एवं व्यावहारिक समर्थन देते हैं, किंतु ऐसा होने का कारण उनको सही शिक्षा का न मिलना है। वह शिक्षा जो मूल्यहीन है, जो जीवन के नैतिक आदर्शों से विच्छिन्न है, जो शिक्षा केवल पैसा बटोरने को प्राथमिकता देती है, ऐसी

शिक्षा से प्रगतिशील, विवेकसम्मत दृष्टिकोण की अपेक्षा करना, बालू में से तेल निकालना है। दरअसल, शिक्षा हम उसे कहते हैं, जो व्यक्तित्व का संपूर्ण विकास करती है। दुर्भाग्य यह है कि सदियों से दलितों को इस योग्य नहीं समझा गया कि वे लिख-पढ़ सकें। इसके लिए बहुत हद तक तो साधनहीनता उत्तरदायी थी, किंतु दलित जातियों के प्रति तथाकथित उच्च वर्ग की घृणापूर्ण मानसिकता की भूमिका भी कम नहीं थी। अभय कुमार दुबे ने इस संबंध में अपने विचार व्यक्त करते हुए लिखा है, ''दलितों पर अत्याचार की हालत यह है कि देश में हर एक घंटे में दो दलितों को हिंसक हमले का शिकार होना पड़ता है, प्रत्येक दिन तीन दलित औरतों के संग बलात्कार होता है, प्रत्येक दिन दो दलितों की हत्या कर दी जाती है और दो दलितों के घर में आग लगा दी जाती है। दलित प्रश्न अपने आपमें केवल घोर सामाजिक विषमता का ही नहीं, उसी के फलितार्थ के रूप में आर्थिक विषमता का आख्यान बना हुआ है। जाहिर है कि आधुनिकता की रोशनी में सराबोर होने के बावजूद दलितों के हालात में आमूल-चूल परिवर्तन नहीं आ पाया है।''[32] उनका यह मानना सही है कि भूमंडलीकरण के इस दौर में वैज्ञानिक और तकनीकी दृष्टि से जो विकास हुआ है, आधुनिकीकरण जिस प्रकार चारों ओर साफ तौर पर दिखता है, दलित उससे काफी हद तक वंचित हैं। किंतु यह भी एक वास्तविकता है कि जिस प्रकार से शिक्षा-संस्थानों में विभिन्न प्रावधानों द्वारा दलितों के लिए शिक्षा का पथ प्रशस्त किया गया है, उससे वैश्वीकरण और आधुनिकीकरण की मुख्यधारा में दलितों की सहभागिता क्रमशः बढ़ी है। बहुत से अच्छे अध्यापक, वकील, इंजीनियर, डॉक्टर, वैज्ञानिक दलित समुदाय से आए और उन्होंने अपने-अपने क्षेत्रों में अपना वर्चस्व स्थापित किया; किंतु उनके लिए जो प्रावधान शिक्षा को लेकर किए गए, उनसे सवर्ण विद्यार्थियों में क्षुब्धता, कुंठा और निराशा उत्पन्न हुई है। उनका मानना है कि इस व्यवस्था में प्रतिभा को नजरअंदाज किया जा रहा है। वे पूरी शक्ति से, पूरी प्रतिभा से कठोर परिश्रम के साथ शिक्षा-संस्थानों में प्रवेश की कोशिश करते हैं, किंतु बहुतों को असफलता हाथ लगती है। उनकी

मैरिट अधिक होने पर भी उन्हें प्रवेश नहीं मिल पाता और दलित वर्ग कम मैरिट पर भी इन संस्थानों में प्रवेश पा लेता है। सवर्ण छात्रों द्वारा किए गए बहुत से आरक्षण विरोधी आंदोलन उनकी मानसिकता को रेखांकित करते हैं। किंतु हमें यह ध्यान रखना होगा कि जो सामाजिक और आर्थिक विषमता दलितों और गैर दलितों के बीच में है, उसे देखते हुए निश्चय ही दलित वर्ग के युवकों को शिक्षा के क्षेत्र में अधिक अवसर दिए जाने चाहिए, किंतु प्रवेश के बाद परीक्षाओं में किसी भी प्रकार का भेद-भाव समाज और देश के लिए हानिकारक होगा, क्योंकि तब कुशल चिकित्सक, इंजीनियर, वैज्ञानिक, प्रशासनिक अधिकारी दलित वर्ग में से प्राप्त नहीं हो सकेंगे। इस संबंध में बहुत से व्यंग्य दलितेतर लोगों के द्वारा किए जाते हैं। दक्षता के मूल्य पर किया गया दलितों के लिए कोई भी प्रावधान उनके स्वयं के लिए हानिकर तो है ही, देश और समाज के लिए भी अहितकर है।

आत्महीनता को दलित वर्ग की पहचान के रूप में रेखांकित किया जाता है। वस्तुतः दलितों में व्याप्त आत्महीनता कारण नहीं है, परिणाम है। एक ओर परंपरा से मिली सामाजिक उपेक्षा और दूसरी ओर आर्थिक बदहाली। इन दोनों ने मिलकर दलित समुदाय को आत्महीनता से ग्रस्त कर दिया है। आत्मविश्वास उसमें होता है, जिसके पास गर्व करने के लिए कुछ हो। यह एक भयावह विडंबना है कि हिंदू-धर्म का अंग होते हुए भी दलितों को तथाकथित उच्च जातियों के द्वारा सामाजिक स्वीकृति नहीं मिल पाई। हिंदू-धर्म के रीति-रिवाज, देवता, ईश्वर और विश्वास इनसे कभी भी दलित वर्ग अपने को पूरी तरह नहीं जोड़ सका। वह एक ऐसा समुदाय बन गया, जिसका न कोई धर्म था, न देवता और न महापुरुष। वह हिंदू देवताओं, भगवानों और महापुरुषों को अपनाना चाहता था, पर उसे ऐसा करने की अनुमति नहीं थी। पूरा दलित समुदाय एक ऐसे दोराहे पर खड़ा था, जहाँ न उसके पास कोई सांस्कृतिक परंपरा थी और न कोई ऐसे आदर्श पुरुष, जिनको लेकर वह गर्व महसूस कर सके। आधुनिक युग में महात्मा ज्योतिबा फुले, बाबा साहेब ने दलितों के लिए एक नई सांस्कृतिक परंपरा का सूत्रपात किया,

तब दलितों के हृदय में पहली बार आत्मविश्वास की झनझनाहट हुई। उन्हें लगा कि उनकी भी अपनी परंपरा है, अपने महापुरुष हैं, अपने प्रतीक हैं। एक हद तक दलित वर्ग की आत्महीनता का दंश कुछ कम हो गया। पिछले कुछ वर्षों में उत्तर प्रदेश में मायावती का शासनकाल भले ही दलितों के अधिकांश हितों को नहीं साध पाया, किंतु इतना तो मानना होगा कि मायावती ने अपने महापुरुषों और पार्टी से जुड़े प्रतीकों को जिस प्रकार प्रचुर आर्थिक संसाधनों से निर्मित तथा महिमा-मंडित किया, उनके बीच अपने को पाकर दलित अपनी सारी आत्महीनता को भूलकर आत्मविश्वास से भर जाता है। किंतु उनकी हीनता पूरी तरह समाप्त हो गई, यह कहना उचित नहीं होगा, क्योंकि सदियों से दलितों की धमनियों में रक्त की तरह बहती आत्महीनता केवल यह सब करने से समाप्त नहीं हो सकती। आज भी दलितों की सारी समस्याओं के मूल में आत्महीनता की समस्या है। डॉ. धर्मवीर का यह मानना उचित है, ''सारी समस्या हीनता की ग्रंथि की है। दलित जातियों में गिनाए गए लोग केवल शब्दों से मरे पड़े हैं। ये स्वतंत्र कैसे होंगे? इन्होंने दूसरों के कहने से खुद को हीन समझ रखा है।[33]'' इस हीनता को दूर करने के लिए जहाँ एक ओर दलितों को आर्थिक मोरचे पर संघर्ष करना होगा, वहाँ उन्हें वैचारिक रूप में भी स्वयं को सिद्ध करना होगा, क्योंकि अब समाज की सोच और मानसिकता में प्रगतिशील तत्त्वों का भी समावेश हुआ है, अत: वैचारिक दृष्टि से समाज से संवाद संभव है और यह आज के परिप्रेक्ष्य में अपरिहार्य भी है।

समग्र स्वरूप

समग्रत: जहाँ 'दलित' शब्द शोषित वर्ग के लिए प्रयुक्त होता है, वहाँ सामाजिक और आर्थिक शोषण के शिकार दलित वर्ग के लिए भी इसका प्रयोग होने लगा है। 'दलित' शब्द की अनेक परिभाषाएँ की गईं। इनमें मुख्य रूप से जातिगत परिप्रेक्ष्य में दलित-शोषण को अतिवादी रूप में उभारते हुए उसकी एकांगी व्याख्या की गई है। इन परिभाषाओं के मूल में वह मानसिकता

कार्य कर रही है, जो इतिहास की अतिवादी और नकारात्मक व्याख्या करते हुए दलित एवं दलितेतर जातियों के बीच घृणा तथा अलगाव को उभारती है, किंतु यदि हम हिंदू-धर्म की परंपराओं को तटस्थ और विवेकपूर्ण दृष्टि से देखें तो हिंदू-धर्म के मौलिक आदर्शों से हिंदू समाज के कुछ लोगों द्वारा किए गए दलितों के शोषण से कोई तालमेल नहीं बैठता। हिंदू-धर्म का स्वरूप इतना विस्तृत और बहुआयामी है, उसमें आत्मसात् करने का अद्भुत गुण है। वह अपने चिंतन और व्यवहार में मनुष्य तो क्या, जीवों के प्रति भी करुणा तथा उदारता का भाव रखता है। इसलिए दलित जातियों के शोषण के लिए समस्त हिंदू-धर्म को दोषी ठहराना इतिहास की एक अतिवादी व्याख्या है। हमें यह भी ध्यान में रखा होगा कि समय बदलने के साथ-साथ दलितों की अपनी स्थिति और दलितेतर समाज की मानसिकता में भी सकारात्मक परिवर्तन हुआ है। विशेषकर नगरों और महानगरों में छुआछूत अब इतिहास की बात हो गई है, किंतु इसका आशय यह नहीं कि दलितों के संघर्ष को उसका लक्ष्य मिल गया। दिल्ली अभी दूर है! दलित समस्या के पूरी तरह समाधान के लिए हमें सामाजिक और आर्थिक, दोनों दृष्टियों से जनजागरण की मुहिम चलानी होगी। इन परिभाषाओं के विश्लेषण में दलितों की पहचान को रेखांकित करनेवाली अनेक मूलभूत विशेषताएँ हमारे सामने आती हैं, जैसे आर्थिक शोषण, धार्मिक अंतर्विरोध, सामाजिक पिछड़ापन, जातिगत अस्मिता, भाग्यवादी दृष्टिकोण, राजनीतिक भागीदारी की ओर झुकाव, निर्धनता, अशिक्षा, आत्महीनता, ये दलित समाज की मूल प्रवृत्तियाँ हैं। इन पहचानों में से कुछ का उन्मूलन करने के लिए हमें वैचारिक और व्यावहारिक रूप में संघर्ष करना होगा। इनमें कुछ प्रवृत्तियाँ ऐसी भी हैं, जिनको मिशनरी भावना से आगे बढ़ाना होगा, जैसे राजनीतिक भागीदारी और शिक्षा का प्रसार। कुल मिलाकर दलित की पहचान अब हमारे सामाजिक परिप्रेक्ष्य में मुख्यधारा से कटी हुई नहीं, बल्कि मुख्यधारा को प्रभावित करनेवाला एक महत्त्वपूर्ण आधार है।

संदर्भ-सूची

1. संस्कृत-हिंदी कोश; वामन शिवराम आप्टे; पृ. 451
2. उद्धृत; स्वामी अछूतानंदजी 'हरिहर' और हिंदी नवजागरण; कँवल भारती; पृ. 33
3. भारत में जातिवाद और वर्ण-व्यवस्था, डॉ. भीमराव अंबेडकर; पृ. 30
4. उद्धृत; युद्धरत आम आदमी; अंक 41-42, पृ. 14
5. नया पथ; अंक-24-25, सितंबर 1997, मोहनदास नैमिषराय का आलेख; पृ. 104-105
6. हिंदी साहित्य में दलित-चेतना; डॉ. आनंद वास्कर; पृ. 19
7. हिंदी साहित्य की वैचारिक पृष्ठभूमि; विनय कुमार पाठक; पृ. 108
8. ''सामाजिक संदर्भों में दलित वर्ग का अर्थ होगा—वह जाति अथवा समुदाय, जो अन्यायपूर्वक सवर्णों या उच्च जातियों द्वारा दलित किया गया हो, रौंदा गया हो।'' हिंदी उपन्यासों में दलित वर्ग; कुसुम मेघवाल; पृ. 21
9. ''दलित का अर्थ है, जिसका दलन, शोषण और उत्पीड़न किया गया हो।'' 'कशिश', अंक-4, एन. सिंह का साक्षात्कार; पृ. 04
10. ''वस्तुत: दलित या शोषित वर्ग से तात्पर्य एक ऐसे वर्ग-समूह या जाति विशेष का व्यक्ति अथवा वह जाति, जिसके धन, संपत्ति, माल, अधिकार एवं श्रम आदि का हरण किसी अन्य सत्ता, शक्तिसंपन्न वर्ग या जाति के द्वारा किया जाता है।'' 'प्रज्ञा साहित्य'; दलित-चेतना विशेषांक; डॉ. भगवान दास कहार; पृ. 22
11. हिंदी काव्य में दलित काव्यधारा; माताप्रसाद गुप्त; पृ. 02
12. उद्धृत दलित-साहित्य और उसकी सीमाएँ; डॉ. मोहनदास सुमनसार; पृ. 09
13. विद्याविनयसम्पन्ने ब्राह्मणे गवि हस्तिनी।; शुनि चैव श्वपाके च पण्डिता: समदर्शिन:॥ श्रीमद्भगवद्गीता; अध्याय 5, श्लोक-18
14. बाबा साहेब डॉ. अंबेडकर; संपूर्ण वाङ्मय; खंड-6; पृ. 136
15. दलित चिंतन का विकास; डॉ. धर्मवीर; पृ. 78-79
16. वही; पृ. 80, 83
17. उद्धृत; हिंदी साहित्य की वैचारिक पृष्ठभूमि; विनय कुमार पाठक;
18. ''सामाजिक मान्यता न मिलने के कारण होनेवाली अवमानना के निराकरण के लिए प्रभुत्वशाली संस्कृति की जोरदार आलोचना की जानी चाहिए और विषमामूलक आर्थिक-राजनीतिक सत्ता की संरचनाओं को बदला जाना चाहिए।'' वही; पृ. 110
19. दलित वै. की दिशाएँ; सं. बदरीनारायण; गुरु प्रसाद मदन का आलेख; झूठी

आजादी; पृ. 50

20. दलित चिंतन का विकास; डॉ. धर्मवीर; पृ. 82
21. वही; पृ. 82
22. रामचरितमानस; अयोध्या कांड; दोहा–218; दूसरी अर्द्धाली
23. रामचरितमानस; बालकांड; दोहा–51, 7वों अर्द्धाली
24. वही; अयोध्या कांड; दोहा–15; छठी अर्द्धाली
25. प्रोसीडिंग्स ऑफ द राउंड टेबल कॉन्फ्रेंस (फर्स्ट सेशन); गवर्नमेंट ऑफ इंडिया, पब्लिकेशन ब्रांच, कलकत्ता, 1931, पृ. 123–129 उद्धृत, बाबा साहेब डॉ. अंबेडकर; संपूर्ण वाङ्मय, खंड–5, पृ. 18–19
26. प्रोसीडिंग्स ऑफ द सब कमेटी–3; (माइनॉरिटीज); 1931; पृ. 73–80 उद्धृत, बाबा साहेब डॉ. अंबेडकर; संपूर्ण वाङ्मय, खंड–5; पृ. 45–46
27. वही; उद्धृत; बाबा साहेब डॉ. अंबेडकर वाङ्मय, खंड–5; पृ. 46–47
28. 'आधुनिकता के आईने में दलित'; सं. अ.कु. दुबे; परिचय : अछूत की शिकायत; अभय कु. दुबे, पृ. 24
29. वही; अवमानना के आयाम; गोपाल गुरु; पृ. 97–98
30. गरीबी का मकड़जाल; ब्रह्मदेव शर्मा; पृ. 137
31. वही; पृ. 137
32. वही; पृ. 136
33. 'आधुनिकता के आईने में दलित'; परिचय; अछूत की शिकायत; लेखक; अभय कु. दुबे; पृ. 24
34. दलित चिंतन का विकास; डॉ. धर्मवीर; भूमिका; पृष्ठ 7

□

द्वितीय अध्याय

दलित-चेतना : स्वरूप-निर्धारण

आशय और अवधारणा

पूर्व में हमने दलित समुदाय को अर्थापित करने की चेष्टा की। इसी क्रम में यह भी आवश्यक है कि दलित-चेतना के स्वरूप पर भी विचार किया जाए। दरअसल, 'चेतना' शब्द पारंपरिक रूप में आध्यात्मिक एवं वैज्ञानिक क्षेत्रों से जुड़ा रहा है। हम चेतना को परिभाषित करने की ऊहापोह में न पड़कर सीधे-सीधे दलित-चेतना को दलित जागरण के परिप्रेक्ष्य में समझ सकते हैं। यह दलित होने की चेतना से भिन्न है। यह अहसास या इस अहसास की पीड़ा कि एक पूरा बहुसंख्यक समाज दलित है—इसे इस समुदाय ने परंपरा से निरंतर भोगा है। एक दलित जब सवर्णों के द्वारा किए गए शोषण से आक्रांत होकर अपने दलित होने को शिद्दत के साथ महसूस करता है तो यह दलित-चेतना का पूर्व-पक्ष है। किंतु जैसे ही दलित सवर्णों की इस शोषण-व्यवस्था को पहचानकर अपनी अस्मिता के लिए संघर्ष करने की मानसिकता बना लेता है, उसकी सोच जब शोषण के प्रतिरोध और अपने अधिकारों के लिए संघर्ष, इन दो उद्देश्यों की पूर्ति के लिए संघटित होती है तो यह दलित-चेतना का उत्तर-पक्ष है। यह कहने की आवश्यकता नहीं कि इन दोनों पक्षों में कारण-कार्य संबंध है। कोई एक पक्ष दलित-चेतना को समग्रता में परिभाषित नहीं कर सकता, क्योंकि पूर्व-पक्ष उत्तर-पक्ष के उभार के साथ-साथ धीरे-धीरे धुँधलाता जा रहा है, इसलिए हम यहाँ दलित-

चेतना के उत्तर–पक्ष पर ही विस्तार से विचार करेंगे।

प्रश्न यह है कि दलित–चेतना के उत्तर–पक्ष की इस यात्रा की दिशा सामाजिक है अथवा राजनीतिक या वह दोनों का संघटित स्वरूप है? यहाँ यह उल्लेख कर देना महत्त्वपूर्ण है कि दलित–चेतना, जिसको हम प्रमुखता दे रहे हैं, उसका कोई दीर्घकालीन अतीत नहीं है। उसे प्राचीन या मध्यकालीन दौर में खोजना बेमानी है। वह आधुनिक कारकों की देन है। दूसरे, यह कि दलित–चेतना का आधुनिक काल में पहला उभार समाज–सुधार से प्रेरित था, किंतु जैसे–जैसे दलित नेताओं को स्थितियों की वास्तविकता का ज्ञान होता गया, दलित समुदाय की चेतना में राजनीतिक आकांक्षाएँ और प्रयास अधिक मुखर होते गए। यहाँ यह आवश्यक है कि सामाजिक परिप्रेक्ष्य से राजनीतिक परिप्रेक्ष्य में बदलती दलित–चेतना का एक विहंगमावलोकन कर लिया जाए।

ऐतिहासिक परिप्रेक्ष्य

निस्संदेह भारतीय नवजागरण के प्रारंभिक दौर में सामाजिक सुधार के आंदोलनों में दलित प्रश्न को भी पूरी गंभीरता से लिया गया। तत्कालीन समाज–सुधारकों एवं संतों ने प्रभावशाली ढंग से अपनी आवाज उठाई, किंतु यह सब हिंदू–धर्म एवं समाज के दायरे में रहकर किया जा रहा था। इससे दलित समुदाय न केवल असंतुष्ट था, बल्कि वह अपने को हताश और निराश भी अनुभव कर रहा था। स्वामी अछूतानंद, महात्मा ज्योतिबा फुले, पेरियार जैसे दलित नेताओं ने इस बात पर बल दिया कि जाति–प्रथा को समूल नष्ट करके एक समतावादी समाज का निर्माण हो। डॉ. अंबेडकर ने भी पहले जाति–प्रथा के विरुद्ध सामाजिक आंदोलनों का नेतृत्व किया, किंतु आंशिक सफलताओं के बावजूद सामाजिक आंदोलनों का प्रभाव क्षीण होता गया। अस्पृश्यता और जातीय भेदभाव के खिलाफ सामाजिक आंदोलनों की असफलताओं ने राजनीतिक आंदोलन की आधारशिला रखी थी। यहाँ यह माना जा सकता है कि यदि सामाजिक आंदोलन सफल हो गए होते तो

भारतीय राजनीति में जाति की भूमिका संभवत: न होती, पर धर्म से नियंत्रित और संचालित हिंदू समाज ने खंडित होकर रहना स्वीकार किया, अपनी जटिलता को नहीं छोड़ा, इसलिए यह सोच स्वाभाविक थी कि यदि दलित वर्गों की समस्याओं का हल हो सकता है तो राजनीतिक शक्ति से ही हो सकता है।''[1] सामाजिक आंदोलनों का कोई विशेष परिणाम निकलते न देख अंततः बाबा साहेब को अब दलित-चेतना को राजनीतिक स्वरूप देने के लिए विवश होना पड़ा। स्वतंत्रता मिलने के बाद से वैश्वीकरण के इस दौर तक दलित वर्ग की राजनीति यहाँ तक आगे बढ़ गई है कि उसके एक विशिष्ट वर्ग ने आम दलित को काफी पीछे छोड़ दिया है। तो बाबा साहेब ने जब यह पाया कि सामाजिक आंदोलनों से हिंदू समाज पर कोई प्रभाव नहीं पड़ रहा तो उन्होंने दलित-चेतना को राजनीतिक स्वरूप देने का मन बनाया। ''अंबेडकर के नेतृत्व में दलित राजनीति के केंद्र में जाति थी, पर इसके लिए मुख्य रूप से तत्कालीन राष्ट्रीय आंदोलन जिम्मेदार था, जिसका नेतृत्व सामंतों और पूँजीपतियों के हाथों में था। वे दलितों की मुक्ति के सवाल पर कतई गंभीर नहीं थे। वे न ब्राह्मणवाद से टकराने को तैयार थे और न सामाजिक परिवर्तन के पक्षधर थे। लेकिन डॉ. अंबेडकर इस सवाल को हल करना चाहते थे कि स्वतंत्र भारत में दलितों की क्या स्थिति होगी? क्या वे अस्पृश्य ही बने रहेंगे अथवा सामान्य नागरिक के सभी अधिकार प्राप्त करेंगे?''[2] अंबेडकर दलित जातियों के लिए पृथक् निर्वाचन-मंडलों के पक्ष में थे। उन्होंने तीनों गोलमेज सम्मेलनों में दलितों का प्रतिनिधित्व करते हुए उनके लिए ब्रिटिश शासन से पृथक् निर्वाचन-मंडलों की माँग की, जिसे शासन ने स्वीकार भी कर लिया, किंतु गांधीजी दलितों के राजनीतिक प्रतिनिधित्व के पक्ष में नहीं थे। उन्होंने डॉ. अंबेडकर को समझाने का बहुत प्रयास किया पर बात नहीं बनी। अंततः गांधीजी आमरण अनशन पर बैठ गए। उनकी हालत बिगड़ती देखकर पूना में हुए एक समझौते के अंतर्गत उन्होंने पृथक् प्रतिनिधित्व की माँग वापस ले ली और सामान्य सीटों में ही दलितों के लिए कुछ सीट आरक्षित करने के लिए बाबा साहेब सहमत हो गए। इसे 'पूना पैक्ट' का

नाम दिया गया। "पूना पैक्ट ने दलित राजनीति की दिशा बदल दी। अंबेडकर ने वर्गीय प्रतिनिधित्व का सवाल उठाया था, पर गांधीजी और हिंदू नेताओं ने आरक्षण-व्यवस्था लागू कर भविष्य की पूरी दलित राजनीति को जाति पर खड़ा कर दिया। तब कौन जानता था कि यह व्यवस्था इतनी मजबूत होने जा रही है कि पूरा दलित आंदोलन ही उसमें जाकर लुप्त हो जाएगा!"[3] यदि 'पूना पैक्ट' को स्वीकार किया जाता तो दलित वर्गों को सबसे अधिक और ब्राह्मणों को सबसे कम प्रतिनिधित्व मिलता, किंतु 1937 के चुनाव में ठीक इसके विपरीत हुआ। इस वर्ष आम चुनावों में सर्वाधिक टिकट ब्राह्मणों, वैश्यों, व्यापारियों और जमींदारों ने बटोर लीं। सत्ता के शीर्ष पर ब्राह्मण ही काबिल रहे। 'पूना पैक्ट' के इस परिणाम ने डॉ. अंबेडकर के चिंतन में अंतर्द्वंद्व पैदा कर दिया। वे इस निष्कर्ष पर पहुँचे कि आरक्षण और प्रतिनिधित्व की व्यवस्था से सामाजिक परिवर्तन नहीं किया जा सकता। उनके अनुसार यह व्यवस्था ब्राह्मणवाद और पूँजीवाद को ही मजबूत करनेवाली है। वे स्वयं देख रहे थे कि असमानता पर आधारित ब्राह्मणवाद दलित वर्ग में भी पैदा होने लगा था। शिक्षित और नौकरियाँ पानेवाले दलितों का एक बड़ा हिस्सा अवसरवादी होता जा रहा था, जो अपने निजी हितों की पूर्ति के लिए शोषक वर्ग की तरह ही शोषण के हथकंडे अपना रहा था।[4] यहीं से डॉ. अंबेडकर की प्रेरणा से दलित-चेतना वर्ग-संघर्ष की ओर उन्मुख होती है। दलित-चेतना अब साम्राज्यवाद, ब्राह्मणवाद और पूँजीवाद के विरोध को अपना लक्ष्य बनाने में जुटी थी। बाबा साहेब ने 'इंडिपेंडेंट लेबर पार्टी' (1937) का गठन करके दलितों को वर्गहित और वर्ग-चेतना के आधार पर संगठित करने का काम आरंभ किया है। 'इंडिपेंडेंट लेबर पार्टी' के समर्थन में दिए गए अपने भाषण में उन्होंने घोषित किया कि इस देश के मजदूरों के सिर्फ दो ही शत्रु हैं—एक ब्राह्मणवाद और दूसरा पूँजीवाद। उनका मानना था कि दलित पहली बार अपनी आर्थिक समस्याओं पर विचार करने के लिए मजदूरों के रूप में इकट्ठे हुए हैं।"[5] इस दिशा में भी बाबा साहेब के प्रयास इसलिए सफल नहीं हो पाए, क्योंकि पूँजीवादी ताकतों ने इन्हें सफल नहीं होने दिया।

दलित-चेतना कांग्रेस के सुविधामूलक प्रावधानों, आरक्षण नीति और कल्याणकारी योजनाओं के चक्रव्यूह में फँसकर रह गई।

सन् 1960 के बाद 1980 तक के समय को दलित राजनीतिक चेतना के दूसरे सोपान के रूप में समझ सकते हैं। ऐतिहासिक क्रम में इसे 'उत्तर-अंबेडकर' काल भी कहा जा सकता है। अंबेडकर की प्रभाव-छाया में गठित 'रिपब्लिकन पार्टी' ने महाराष्ट्र के साथ उत्तर प्रदेश में भी अपना जनाधार खड़ा किया। इस पार्टी ने जातिगत राजनीति को प्राथमिकता न देकर दलितों, मजदूरों और किसानों की समस्याओं को उठाया। बाद में 'रिपब्लिकन पार्टी' का भी विभाजन हो गया। दादा साहब गायकवाड़ की मृत्यु के बाद पार्टी राजनीतिक अवसरवाद के प्रलोभन में फँसती चली गई। निश्चय ही यह दलित-चेतना का क्षरण-काल है।

1980 में दलित-चेतना को उस समय एक नया आयाम मिलता है, जब देश के राजनीतिक परिदृश्य पर कांशीराम का आगमन होता है। उन्होंने दिसंबर 1978 में 'बाम सेफ' (बैकवर्ड ऐंड मायनॉरिटी कम्युनिटीज इम्पलाइज फेडरेशन) की स्थापना की। इससे उन्हें अपनी राजनीतिक महत्त्वाकांक्षाओं की पूर्ति के लिए आवश्यक धन प्राप्त हो गया। 1981 में कांशीराम पूरी तरह से सक्रिय राजनीति में आ गए और डी.एस-4 ('दलित शोषित संघर्ष समिति' का गठन किया। इसी संगठन के प्रत्याशी हरियाणा विधानसभा में खड़े कर उन्होंने एक प्रयोग किया, उन्हें 57,588 (1.19%) वोट मिले। यह एक सफल राजनीतिक प्रयोग था, जिससे उत्साहित होकर 1984 में उन्होंने नई राजनीतिक पार्टी 'बहुजन समाज पार्टी' का गठन किया। 'पूना पैक्ट' से जिस प्रकार दलित-चेतना कुंद हो गई थी, वह 'बहुजन समाज पार्टी' में पैनी हो गई। कांशीराम ने निर्वाचन की मौजूद व्यवस्था में ही कांग्रेस को कमजोर करते हुए 'रिपब्लिकन पार्टी' का एक कारगर विकल्प खड़ा कर दिया। 'हिंदुस्तान', 9 अक्तूबर, 2006 के संपादकीय के अनुसार, "अंबेडकर और उनमें (कांशीराम में) एक प्रमुख फर्क यह था कि अंबेडकर ने बतौर विचारक दलितों में चेतना फैलाने में अभूतपूर्व सफलता पाई,

जबकि कांशीराम विचारक होने के साथ-साथ अच्छे राजनीतिक संगठनकर्ता भी थे। इसकी बदौलत वह आजादी के बाद देश में सबसे बड़ा राजनीतिक ध्रुवीकरण करने और दलितों को सत्ता में भागीदारी दिलाने में कामयाब रहे।''[6] कांशीराम के इन प्रयासों को जुझारू व्यक्तित्व की धनी मायावती के सहयोग से बहुत बल मिला। इस पार्टी ने उत्तर प्रदेश में सत्ता हासिल की और मायावती प्रथम दलित महिला मुख्यमंत्री बनीं। कांशीराम के राजनीतिक परिदृश्य से ओझल होने के साथ-साथ मायावती ने कांशीराम के गैर-दलितवाद-विरोध को एक नया आयाम देते हुए 'सर्वसमाज' का नारा उछाला। मायावती ने दलित-ब्राह्मण गठजोड़ के बल पर सरकार बनाई। मायावती ने अपने शासन में दलित महापुरुषों और दलित प्रतीकों को भव्यता के साथ प्रदर्शित किया; किंतु अपनी बढ़ती धन-लालसा के कारण उन्होंने पार्टी में भ्रष्टाचार का प्रवेश होने दिया। दलितों की समस्याएँ और आकांक्षाएँ उनकी दृष्टि से ओझल होती गईं और उनका स्थान राजनीतिक एवं आर्थिक महत्त्वाकांक्षाओं ने ले लिया। यह वह समय था, जब दलित-चेतना सत्ता प्राप्त करने के बाद भी कुंठित और अवसादग्रस्त थी। मायावती ने सत्ता में बने रहने के लिए दो असफल प्रयोग किए। पहली बार उन्होंने 1993 में स.पा.-ब.स.पा. गठबंधन की सरकार बनाई और जून 1995 में भा.ज.पा. के समर्थन से मायावती ने सरकार बनाई। ये दोनों ही प्रयोग औंधे मुँह गिर गए। इसी के समानांतर वह दलित-चेतना, जिसे बाबा साहेब भीमराव अंबेडकर ने चिंतन के औदात्य और विचारों की ऊष्मा से संघटित किया था, वह एक बार फिर दुविधा और हताशा की दो कगारों के बीच फँसी है। उत्तर प्रदेश में समाजवादी पार्टी के भारी बहुमत से सत्ता में आने के बाद अखिलेश यादव की सरकार बनी और वर्तमान में मायावती सत्ता से निर्वासन का दंश झेल रही है। वर्तमान में राजनीति के घात-प्रतिघातों में उलझी दलित-चेतना अपनी भावी परिणति की उत्सुकता से प्रतीक्षा कर रही है। ऐसे में आज बाबा साहेब का चिंतन और सामाजिक न्याय के लिए उनके प्रयास नए सिरे से प्रासंगिक हो गए हैं।

दलित-चेतना और बाबा साहेब डॉक्टर भीमराव अंबेडकर

जब–जब धारा के विरुद्ध किसी महापुरुष ने दलितों और शोषितों के लिए संघर्ष किया है, उसे व्यवस्था ने हाशिये पर कर देना चाहा है। बाबा साहेब के साथ सबसे बड़ी विडंबना यह रही कि न तो उन्हें गैर–दलितों के बीच सही परिप्रेक्ष्य में समझा गया और न ही दलितों ने उनके चिंतन, संघर्ष तथा उद्देश्यों का उचित मूल्यांकन किया। निस्संदेह दलित समुदाय और दलित राजनीति ने अपने–अपने सीमित उद्देश्यों के लिए उनका इस्तेमाल किया। उन्हें दलितों के बीच उनके विचारों को हृदयंगम किए बिना, उनका अतिवादी महिमा–मंडन किया गया। दलितों ने उन्हें अपना जातीय नेता माना और उनकी वैचारिक विरासत को विशेष जातियों तक सीमित कर दिया। गैर–दलितों ने उन्हें यह मानकर अपने से दूर रखा कि वे दलितों के नेता हैं और गैर–दलितों के विरोधी। हमारे समय की कैसी विडंबना है कि जिन महापुरुषों ने अपना संपूर्ण जीवन समूचे राष्ट्र के लिए अर्पित कर दिया, हमने उन्हें भी उनकी जाति से जोड़कर अपनी–अपनी जातियों में बाँट लिया? बाबा साहेब को भी इसी दृष्टि से देखा गया।

बाबा साहेब ने जीवन भर सामाजिक समरसता के लिए संघर्ष किया। उन्होंने एक ऐसे समाज की कल्पना की थी, जिसमें सब बराबर हों। किसी प्रकार का कोई जाति, वर्ग या मजहब का भेद न हो। उन्होंने हिंदू–धर्म का गहन अध्ययन करते हुए यह पाया कि जाति–प्रथा ने पूरे हिंदू समाज को विकृत कर दिया है। उनका विरोध हिंदू–धर्म से नहीं था, बल्कि हिंदू–धर्म की उन कुरीतियों, पाखंडों और ब्राह्मणवादी मानसिकता से था, जिन्होंने समूचे हिंदू–धर्म को विकृत कर दिया था। 'जाति–पाँति तोड़क मंडल' के सभापति के रूप में भाषण देते हुए उन्होंने सामाजिक–सुधार को परिभाषित करते हुए कहा, ''समाज–सुधार के दो अर्थ हैं : एक, पारिवारिक सुधार और दूसरा, समाज का पुनर्गठन। विधवा विवाह, बाल विवाह, स्त्री शिक्षा आदि पारिवारिक सुधार के अंतर्गत हैं तथा समाज में ऊँच–नीच, छूत–अछूत का अधिकार–भेद, वर्ण–भेद या जाति–भेद मिटाना सामाजिक–सुधार है। हमारे

देश में जो सांप्रदायिक बँटवारा (कम्यूनल अवार्ड) हुआ, वह सामाजिक-सुधार न होने के कारण हुआ। यदि देश की सामाजिक व्यवस्था ठीक होती तो सांप्रदायिक बँटवारे का प्रश्न ही न उठता। (एक भारत के दो खंड सामाजिक कुव्यवस्था का फल हैं।)''[7]

वस्तुतः उनकी दृष्टि जाति और संप्रदाय के विभाजन की राष्ट्रीय परिणितियों पर थी। वे अपने समय से बहुत आगे देख रहे थे। वर्ण-व्यवस्था के अभिशापों पर वे गहराई से सोचते ही नहीं थे, उन्हें अपने जीवन में भोग भी चुके थे। अपने इसी भाषण में उन्होंने वर्ण-व्यवस्था पर गंभीर टिप्पणी करते हुए कहा, ''चातुर्वर्ण व्यवस्था मानव समाज के लिए असाध्य ही नहीं, हानिकर भी है। इसका अर्थ है, कुछ इने-गिने मनुष्यों के भोगैश्वर्य के लिए बहुजन समाज को कंगाल बना दिया जाए एवं थोड़े से लोगों के प्रभुत्व के लिए बहुत से लोगों को सर्वहारा बना दिया जाए। थोड़े से लोगों के जीवन के विकास और प्रकाश के लिए बहुत से लोगों को प्रवंचित, निःसत्त्व और अंधकारमय बना दिया जाए। भारत में यही हुआ। इस राक्षसी-व्यवस्था ने यहाँ के बहुसंख्ययक लोगों को निर्जीव और पंगु बना दिया। यही कारण है कि दूसरे समुन्नत देशों की तरह यहाँ कभी सामाजिक क्रांति नहीं हुई।''[8] यहाँ बाबा साहब सामाजिक क्रांति के जिस अभाव पर उँगली रखते हैं, उस पर यदि गंभीरता से विचार किया जाए तो स्पष्ट होगा कि अपनी-अपनी जातियों और वर्णों में सीमित रहने के कारण हमारा समाज संगठित होकर न विदेशी शक्तियों का प्रतिरोध कर सका तथा न किसी बड़े बदलाव के लिए कोई सामाजिक क्रांति संभव हो पाई। उन्होंने इसी वर्णवाद और जातिवाद को मनुष्य के मूल्यांकन में सबसे बड़ी बाधा माना। अपने इसी भाषण में उन्होंने पूरी दृढ़ता के साथ कहा था, ''वर्णवाद और जातिवाद ने इस देश में मानवीय सदाचार का भी संहार कर दिया है, जो अत्यंत खेदजनक है। मानवीय सदाचार का अर्थ है—सार्वजनिक सद्गुण और सार्वजनिक सदाचार। मनुष्यों के केवल दो भाग किए जा सकते हैं—अच्छे और बुरे, ज्ञानी और अज्ञानी, धर्मात्मा और धर्महीन, विद्वान् और मूर्ख। किंतु वर्ण-जाति की भावना ने

हिंदुओं की दृष्टि को ऐसा संकुचित बना दिया है कि अन्य मनुष्य कितना ही सद्‌गुणी और सदाचारी क्यों न हो, यदि वह किसी वर्ण-विशेष या जाति-विशेष का व्यक्ति नहीं है, तो उसकी कोई सुनेगा ही नहीं।''[9]

इसका जीता-जागता उदाहरण स्वयं बाबा साहेब का अपना जीवन है। अर्थशास्त्र, इतिहास, राजनीति, नृतत्त्व शास्त्र के प्रकांड विद्वान् होते हुए भी सवर्ण समाज ने उन्हें कभी उचित सम्मान नहीं दिया। उन्होंने हिंदू समाज की रूढ़ियों, अंतर्विरोधों का वैचारिक दृष्टि से निरंतर विरोध किया, किंतु हिंदू धर्म के बहुत से सकारात्मक पहलू भी निश्चय ही उनकी दृष्टि में रहे होंगे। संभवतः इसीलिए जब उन्होंने हिंदू-धर्म का परित्याग किया, तब भी हिंदू-धर्म से बहुत दूर नहीं गए। वे चाहते तो इसलाम या ईसाई-धर्म भी अपना सकते थे, किंतु उन्होंने बौद्ध-धर्म को अपनाना उचित समझा, जो स्वयं हिंदू-धर्म के सर्वाधिक निकट है। इसके साथ ही हमें यह भी देखना होगा कि यद्यपि दलित होने के कारण उन्होंने सवर्ण समाज के अत्याचार सहे और उन अत्याचारों का प्रतिरोध उन्होंने पूरे समाज के साथ किया। चाहे यह प्रतिरोध दलितों के मंदिर-प्रवेश को लेकर हो अथवा तालाब के जल पर सभी के अधिकार से संबंधित हो, उन्होंने कहीं भी किसी रूप में हिंसा को प्रश्रय नहीं दिया। उन्होंने दलित समुदाय के सवर्णों पर वर्चस्व की नीति का कभी अनुगमन नहीं किया, बल्कि वे आजीवन सामाजिक न्याय के लिए लड़े। चाहे धर्मांतरण का प्रश्न हो या दलित-प्रतिरोध का, वे पूरे समाज को जोड़े रखना चाहते थे।

बाबा साहेब के आलोचकों का एक वर्ग यह मानता था कि उनकी दृष्टि में केवल दलित समुदाय था। जबकि वास्तविकता यह थी कि उनकी दृष्टि में केवल दलित समुदाय नहीं, बल्कि संपूर्ण राष्ट्र था। यदि हमारे राष्ट्र-निर्माताओं को उनके राष्ट्रप्रेम पर संदेह होता तो उन्हें संविधान-निर्माण का दायित्व कभी न सौंपा जाता। उन्होंने लेजिस्लेटिव काउंसिल के सदस्य के रूप में जो भाषण दिए, वे राष्ट्रीय चिंताओं और राष्ट्रीय आकांक्षाओं से ओत-प्रोत हैं। 'बॉम्बे लेजिस्लेटिव काउंसिल' के सदस्य के रूप में बजट

पर चर्चा करते हुए आयकर लगाने में किसानों से भेदभाव को लक्षित करते हुए उन्होंने कहा था, ''सर्वप्रथम भू-राजस्व को ही लें। चाहे इसे कर कहिए या किराया, मैं निस्संदेह कह सकता हूँ कि भू-राजस्व व्यापारियों के लाभांश पर लगनेवाले कर जैसा ही है। यदि ये दोनों कर एक जैसे ही हैं तो मैं माननीय वित्त सदस्य से जानना चाहता हूँ कि इन दोनों पर कर लगाने की प्रणाली भेदभावपूर्ण क्यों है? प्रत्येक किसान से उसकी चाहे जो भी आय हो, भू-राजस्व वसूल किया जाता है। लेकिन आयकर के अंतर्गत यदि किसी व्यक्ति को साल भर में कोई आय नहीं हुई है तो उसे कोई कर देने की आवश्यकता नहीं है, किंतु यह कर-प्रणाली भू-राजस्व के संबंध में लागू नहीं होती। फसल चाहे कम हो ज्यादा, लेकिन गरीब किसान को भू-राजस्व देना ही पड़ता है।''[10] इससे स्पष्ट है कि वे किसानों के हितों को लेकर कितने सजग थे। इसके साथ ही वे बजट के जनकल्याणकारी उद्देश्यों के प्रति जिस हद तक सजग थे! उससे वे एक बड़े राष्ट्र-नेता के रूप में हमारे सामने आते हैं। बजट पर चर्चा के दौरान वे कहते हैं, ''लोगों की समृद्धि ही राज्य की सबसे बड़ी धरोहर होती है। उन्हें उनको दयनीय या भिखारी नहीं बना देना चाहिए। जो राज्य अपनी जनता को भिखारी बना देता है, अंततः वह खुद भी भिखारी हो जाता है।''[11] सामान्यतः बजट पर घाटे को चिंता का विषय माना जाता है, किंतु बाबा साहेब की चिंता दूसरी है। वे कहते हैं, ''घाटा कोई ऐसी चीज नहीं है, जिससे माननीय सदस्यों को भयभीत होना चाहिए। मुझे जिस बात ने व्याकुल किया है, वह यह है कि बजट का घाटा किसी सामाजिक विकास की बड़ी नीति को अपनाए जाने के परिणामस्वरूप नहीं हुआ, बल्कि यह घाटा पूर्णतः प्रशासन के अनुत्पादक खर्च में बढ़ोतरी के कारण हुआ है।''[12] इन अभिमतों में किसी एक वर्ग या जाति की चिंता नहीं है, बल्कि एक प्रदेश के बहाने से सही, उनका आर्थिक दृष्टिकोण राष्ट्रीय परिप्रेक्ष्य में ही उभरकर सामने आता है। जब वे बजट पर चर्चा करते हैं तो उनके सामने निर्धन और शोषित वर्ग होता है; मजदूर और किसान होते हैं। छोटी जोतों के किसानों की असहायता पर उन्होंने इसी

बहस में कहा, ''हमारा अंतिम उद्‌देश्य अलाभकारी जोतों पर से कर को खत्म करना है, जिसमें हमारी भूमि इस समय विभाजित है। फिर भी शुरू में हम यह आवश्यक समझते हैं कि बड़ी कृषि-आय पर श्रेणीकृत कर लगाया जाए। वास्तविक खेती करनेवालों के हाथों से संपत्ति-हरण की प्रक्रिया के कारण बहुत सी भूमि उन हाथों में पहुँच गई है, जो खेती नहीं करते हैं, भाड़ा खाते हैं।''[13] जाहिर है कि बाबा साहेब न केवल छोटी जोत के किसानों पर लादे गए कर को पूरी तरह समाप्त कर देना चाहते हैं, बल्कि वे बड़ी कृषि-आय पर श्रेणीकृत कर लगाना चाहते हैं। वे इस वास्तविकता से भलीभाँति अवगत हैं कि कुछ ऐसे लोगों पर कृषि योग्य जमीन का एक बड़ा हिस्सा पहुँच गया है, जो वास्तविक रूप से भूमि नहीं जोतते, बल्कि दूसरों से खेती कराकर किराया वसूल करते हैं। ऐसे असंख्य साक्ष्य और संदर्भ दिए जा सकते हैं, जो बाबा साहेब को एक महान् राष्ट्र-नेता सिद्ध करते हैं, किंतु विस्तार-भय से हम ऐसा नहीं कर पा रहे।

समग्रत: हमें कहना होगा कि बाबा साहेब सामाजिक सामरस्य को अपना केंद्रीय जीवनादर्श मानते थे। उनकी वाणी में कबीर बोलते थे, किंतु उनका हृदय मानवमात्र के प्रति असीम संवेदना से ओत-प्रोत था। हमारे प्रतिष्ठित राष्ट्रीय महापुरुषों से उनका कद रंच मात्र भी कम नहीं था, बल्कि इस अर्थ में कुछ बड़ा ही था, क्योंकि उन्होंने संविधान-निर्माता होने के कारण आजादी मिलने के बाद भावी भारत की नींव रखी। उन्होंने 'जाति-पाँति तोड़क मंडल' में भाषण देते हुए अपने आदर्श समाज के स्वप्न को इन शब्दों में निरूपित किया था, ''आप पूछ सकते हैं, यदि आप वर्ण और जाति नहीं चाहते तो आपका आदर्श समाज क्या है? मैं कहूँगा, एक ऐसा समाज, जिसमें न्याय, बंधुता, समता और स्वतंत्रता हो। मैं समझता हूँ, किसी भी विचारवान को इससे इनकार न होना चाहिए। बंधुता का अर्थ यह है कि देश में उत्पन्न सभी व्यक्ति परस्पर भाई-भाई हैं और सभी का पिता की संपत्ति की भाँति देश की संपत्ति पर समान अधिकार है। जीवन के लिए आवश्यक भोजन, वसन, ओषधि और शिक्षा के लिए सभी बराबर के हकदार हैं। इसी

का नाम बंधुता या भाईचारा है। इसका दूसरा नाम है जनतंत्र या लोकतंत्र।''[14] उन्होंने इन शब्दों में अपने चिंतन और साधना का सार दे दिया है। ऐसा व्यक्ति, जो इतने विराट् परिप्रेक्ष्य में आदर्श समाज की कल्पना करता हो, उसे केवल दलितों का नेता कहना, उनकी संपूर्ण जीवन-यात्रा, चिंतन-जगत् और कर्म-साधना का गंभीर अवमूल्यन है। आज राजनीतिक सत्ता की चकाचौंध में दिग्भ्रमित दलित-चेतना को यदि सही दिशा में अग्रसर होना है तो उसे समरसता और राष्ट्रवाद की दिशा में बढ़ना होगा; क्योंकि बाबा साहेब का जीवन, कर्म और चिंतन इसी दिशा की ओर हमें प्रेरित कर रहा है। दलित-चेतना के विकास का यही एकमात्र विकल्प है।

1. दलित राजनीति की समस्याएँ, सं. राजकिशोर, पृ. 9
2. वही, पृ. 10
3. वही, पृ. 10
4. वही, पृ. 11
5. वही, पृ. 11
6. उद्धृत, दलित-साहित्य का समाजशास्त्र, हरिनारायण ठाकुर, पृ. 374-75
7. उद्धृत, जातिवाद और रंगभेद; सं. वाणी प्रकाशन, पृ. 46
8. वही, पृ. 51
9. वही, पृ. 57
10. बाबा साहेब डॉ. अंबेडकर : संपूर्ण वाङ्मय, खंड-3, पृ. 16
11. वही, पृ. 17
12. वही, पृ. 18
13. वही, पृ. 31
14. उद्धृत जातिवाद और रंग-भेद; सं. वाणी प्रकाशन, पृ. 56

□

तृतीय अध्याय

दलित पहचान के दायरे

सामान्य आशय

हमने पूर्व में देखा कि 'दलित' शब्द की सामान्य अवधारणा जहाँ व्यापक रूप से सामाजिक, आर्थिक, राजनीतिक एवं सांस्कृतिक शोषण के शिकार बहुसंख्यक समाज से जुड़ी है, वहाँ दलित-चेतना के विकास के साथ-साथ इस शब्द को एक विशेषीकृत संदर्भ भी दिया गया। बहुत से दलित विचारकों की दृष्टि में यह शब्द सामाजिक और आर्थिक शोषण के शिकार उन तथाकथित निम्न जातियों तक सीमित है, जो ऐतिहासिक रूप से अस्पृश्यता, आर्थिक दोहन, सामाजिक पिछड़ेपन का शिकार हैं। इस वर्ग ने अतीत से अब तक की यातनाएँ भोगी हैं, इन यातनाओं को साहित्य में भी मर्मस्पर्शी अभिव्यक्ति मिली है। साहित्य व्यापक दृष्टि से मानवीयता और उससे जुड़ी संवेदनाओं एवं विचारों को अभिव्यक्त करता है। भले ही समय बीतने के साथ-साथ साहित्य की मूलभूत अवधारणाओं और प्रतिमानों में परिवर्तन होता गया है, किंतु साहित्य अंततः मनुष्य की वेदनाओं, आकांक्षाओं, अपेक्षाओं को अभिव्यक्ति देने का एक सर्जनात्मक माध्यम है। इतिहास साक्षी है कि जब-जब समाज सांस्कृतिक रूप से जाग्रत् और अपनी परिस्थितियों के प्रति संवेदनशील हुआ है, तब-तब उसे साहित्य को अपनी अभिव्यक्ति का माध्यम बनाना पड़ा है। आचार्य शुक्ल का यह कहना कि साहित्य जनता की चित्तवृत्ति का प्रतिबिंब है, साहित्य के व्यापक परिवर्तनों का महत्त्वपूर्ण साक्ष्य प्रस्तुत करता है। हर समाज की अपनी

राजनीतिक, सामाजिक, आर्थिक और सांस्कृतिक परिस्थितियाँ होती हैं, जिनसे जनता की चित्तवृत्ति टकराती है। परिस्थितियों और जनता की चित्तवृत्ति की पारस्परिक टकराहट से इस चित्तवृत्ति में आधारभूत बदलाव आते रहते हैं। उदाहरण के लिए, यदि हम भक्तिकालीन जनता की चित्तवृत्ति को समझें तो स्पष्ट होगा कि पूरी सामाजिक चेतना के केंद्र में किसी-न-किसी रूप में ईश्वर मौजूद है। आस्था जनता की चित्तवृत्ति की धुरी है, क्योंकि इस दौर में मुसलमानी आक्रमणों के फलस्वरूप जनता की सांस्कृतिक पहचान धुँधलाने लगी थी। इसी सांस्कृतिक पहचान को भक्तिकालीन कवियों ने ज्ञानमार्गी, प्रेममार्गी और भक्तिपरक साहित्य के द्वारा अभिव्यक्ति प्रदान की। जनता की चित्तवृत्ति और तत्कालीन परिवेश की टकराहट का यह सहज-स्वाभाविक परिणाम था। रीतिकालीन युग में परिस्थितियाँ बदलीं और उनके अनुरूप जनता की चित्तवृत्ति में भी परिवर्तन हुआ। सामंतीय भोग-विलास से जनता की चित्तवृत्ति टकराई अवश्य, किंतु उसने सामंतीय वैभव के प्रति या तो उदासीनता का रुख अपनाया या वह इस वैभव के रंग में रँग गई। संपूर्ण रीतिकालीन साहित्य जनता की चित्तवृत्ति में आए इस बदलाव का सर्जनात्मक साक्ष्य है।

आधुनिककाल दरअसल मध्ययुगीन बोध और उस युग की चेतना की टकराहट का समय है। उपनिवेशवादी शासन के परिणामों और प्रभावों से जनता की चित्तवृत्ति में एक बार फिर परिवर्तन हुआ और समाज ने वैज्ञानिक तकनीकी विकास तथा शिक्षा के फलस्वरूप अपनी धार्मिक व सांस्कृतिक परंपराओं के विवेकसम्मत मूल्यांकन की शुरुआत की। भारतीय नवजागरण, धार्मिक-सांस्कृतिक परंपराओं के पुनर्मूल्यांकन का वैचारिक साक्ष्य है। यह वह समय है, जब एक ओर तो तथाकथित सवर्ण समाज राजनीतिक और सामाजिक दोनों मोरचे पर लड़ने के लिए स्वयं को तैयार कर रहा था, वहीं दूसरी ओर महाराष्ट्र, केरल और तमिलनाडु में दलित समुदाय अपनी पहचान एवं सम्मान को पाने के लिए नए सिरे से मानवता की परिभाषा गढ़ रहा था। महात्मा ज्योतिबा फुले और बाबा साहेब दलितों के इस नवजागरण का सफल वैचारिक नेतृत्व कर रहे थे। पहली बार दलितों ने यह महसूस किया कि वे धार्मिक परंपराओं,

सांस्कृतिक चेतना तथा सामाजिक पहचान की दृष्टि से हिंदू समाज में आत्मसात् नहीं हो सकते। उन्हें अपनी परंपरा, अपना इतिहास, अपनी संस्कृति और अपना साहित्य स्वयं गढ़ना होगा। जिस प्रकार पारंपरिक समाज की जाति-व्यवस्था, सांस्कृतिक दृष्टि से उभरता ब्राह्मण नेतृत्व, उच्च वर्ग की मनुवादी सोच तथा आनंद और आस्वाद के आधार पर टिका साहित्य उसकी पहचान को समाप्त करने पर तुला है, उसके चलते दलित वर्ग इन सभी को लेकर एक नई पहल करने को कटिबद्ध था। इसी का परिणाम है—दलित-साहित्य, जो समाज की अंतिम पंक्ति में खड़े व्यक्ति को उसकी पहचान देने के साथ-साथ उसमें ऊर्जा भरने के लिए भी प्रयत्नशील है। यद्यपि भारतीय नवजागरण के कुछ सकारात्मक परिणामों एवं स्वतंत्रता के बाद संवैधानिक तथा विधिक-व्यवस्थाओं के चलते मानवीय एकता, विश्व-बंधुत्व और सामाजिक न्याय की अनुगूँज चारों ओर सुनाई देने लगी, "'एक मनुष्य-एक मूल्य' यह विचार सर्वत्र फैला, पर सामाजिक स्थिति नहीं बदली। समता, स्वतंत्रता, बंधुता और न्याय जैसे मानवीय मूल्यों का ज्ञान हो जाने के कारण राष्ट्र, समाज तथा व्यक्ति के जीवन में क्रांतिकारी परिवर्तन तो हुआ, लेकिन विषम व्यवस्था एवं उसके विरुद्ध असंतोष के कारण, समाज के मन में वेदना और विद्रोह भी सुलग उठा। इसका ही साहित्यिक रूप अर्थात् स्वातंत्र्योत्तर काल की 'साहित्यिक धाराएँ' हैं।"[1]

मत-अभिमत

प्रश्न यह है कि दलित-साहित्य किन उद्देश्यों और लक्ष्यों के लिए समर्पित है? वस्तुतः इस प्रश्न पर हमें बहुत संतुलित और विवेकपूर्ण ढंग से विचार करना होगा, क्योंकि साहित्य में जब भी कोई नया आंदोलन उभरता है तो उसमें अतिरिक्त ऊर्जा और अतिवादी अवधारणाओं की खलबलाहट उभरकर सामने आती है। एक प्रकार का अति उत्साह अनेक रूपों में मुखर होता है। संभवतः इसी कारण यह मान लिया गया, "शोषितों का पक्ष लेकर शोषकों के विरुद्ध नकार, विद्रोह और प्रतिशोध की भूमिका लेना ही तो दलित-साहित्य का प्रयोजन है।"[2] यहाँ लेखक ने दलित-साहित्य के जो उद्देश्य

निर्धारित किए हैं, वे पूरी तरह से नकारात्मक हैं। यह सही है कि तथाकथित ऊँची जातियों के अत्याचारों ने दलित वर्ग के मानस में क्षुब्धता, वेदना और निराशा का संचार किया है, किंतु दलित-साहित्य के उद्देश्यों को केवल नकार, विद्रोह और प्रतिशोध में सीमित कर देना, दलित-साहित्य के प्रयोजनों का अतिवादी निर्धारण है। साहित्य में सदैव सहित का भाव होता है, वह संकीर्ण दृष्टि से तात्कालिक उद्देश्यों को केंद्र में रखकर, घृणा या प्रतिशोध की भावना को अभिव्यक्ति नहीं देता, बल्कि नकारात्मक प्रवृत्तियों को भी सकारात्मक और सर्जनात्मक बनाता है, इसलिए इससे पहले कि हम दलित-साहित्य के उद्देश्यों पर विचार करें, स्पष्ट रूप से यह रेखांकित करना आवश्यक है कि अंततः दलित-साहित्य है क्या?

दलित-साहित्य को लेकर जो परिभाषाएँ प्रस्तुत की गई हैं, उनको दो वर्गों में रखा जा सकता है—एक वर्ग में वे परिभाषाएँ हैं, जो जातिगत मानसिकता से प्रेरित होकर दलित-साहित्य के फलक को संकीर्ण दायरे में बाँधती हैं और दूसरी वे, जो दलित-साहित्य को संपूर्ण शोषितों का साहित्य मानकर उसे एक विस्तृत आयाम प्रदान करती हैं। यह बात दलित-साहित्य की विभिन्न परिभाषाओं में निरंतर दिखाई पड़ती है। श्री जगन्नाथ पंडित के अनुसार, ''दलित-चेतना और दलित-साहित्य सवर्ण मानसिकता तथा दलित गतिविधियों के प्रतिरोध का साहित्य है। यह दलितों और उनकी चेतना से जुड़े रचनाकारों का एक सर्जनात्मक प्रयास है।''[3] यहाँ दलितों की चेतना से दलित-साहित्य को जोड़ा गया है और इसे सवर्ण मानसिकता के प्रतिरोध का साहित्य माना गया है। वास्तव में यदि साहित्य के व्यापक परिप्रेक्ष्य को लें तो साहित्य की किसी भी धारा को हम प्रतिरोधी साहित्य की संज्ञा नहीं दे सकते। साहित्य एक ओर जीवन और समाज की नकारात्मक प्रवृत्तियों का विरोध करता हैं तो दूसरी ओर वह सकारात्मक संभावनाओं का पथ भी प्रशस्त करता है। यह चिंता का विषय है कि दलित-साहित्य की परिभाषाओं में साहित्य के व्यापक परिप्रेक्ष्य को ध्यान में कम ही रखा गया है। यह मान लिया गया है कि ''दलित-साहित्य दलित समाज के समूह-मन का दर्पण है। यह उसके मन का आलेख, दस्तावेज,

कथा, अस्म तथा संघर्ष का प्रतीक है। निषेध, नकार तथा विद्रोह उस साहित्य के मूल में हैं। जब वह अपनी अकारण नीच बनाई गई दशा, वंचना, गरीबी, समाज में व्याप्त उपेक्षा और अपमान की गाथा कहता है तो वह उसका वैयक्तिक न होकर, उस संपूर्ण समाज की पीड़ा और व्यथा की वाणी होती है। इसमें एक अलग तरह का आक्रोश इसी कारण है।''[4] निश्चय ही दलित-साहित्य दलित जनों के सामूहिक मन की अभिव्यक्ति है। दलित-साहित्य में उसका हृदय समूची ईमानदारी के साथ बोलता है। यह भी सत्य है कि दलित-साहित्य दलितों के संघर्ष की प्रतीकात्मक अभिव्यक्ति है। अस्वीकार और विद्रोह इस साहित्य के मूल में है। शोषण, अपमान और अत्याचार के भोगे हुए अनुभवों को जब वह अभिव्यक्ति देता है तो वे उसके अपने अनुभव नहीं रह जाते, बल्कि वे समूचे दलित समाज की सामूहिक चेतना को रेखांकित करते हैं। सामान्य साहित्य में अनेक प्रकार की विशिष्ट पहचान संभव है, किंतु दलित-साहित्य अपनी जिस मूलभूत पहचान से जाग जाता है, उसे लेखक ने आक्रोश माना है। इस परिभाषा में गहराई से दलित-साहित्य की प्रेरणा, पृष्ठभूमि और पहचान को रेखांकित किया गया है, किंतु जातिगत रूप में विशेषीकृत करने के कारण परिभाषा में अपेक्षित विस्तार और खुलापन नहीं है। केशव मेश्राम केवल अछूतों को दलित मानते हुए उन्हीं के द्वारा लिखित साहित्य को दलित-साहित्य की संज्ञा देते हैं।[5] केशव मेश्राम दलित-साहित्य को पूरी तरह से जातिगत चश्मे से देखते हैं और अस्पृश्य जातियों द्वारा लिखे गए साहित्य को ही दलित-साहित्य मानते हैं। यह साहित्य को बाँटने और सीमित दायरे में कैद करने की सोच है। जिस पर हमें गंभीरता से विचार करना होगा। वस्तुत: साहित्य का विभाजन और वर्गीकरण हमेशा युगों एवं साहित्य प्रवृत्तियों द्वारा ही किया जाता रहा है। कभी-कभी धार्मिक संप्रदायों को भी वर्गीकरण का आधार माना गया है, किंतु साहित्य को कभी भी जातिगत विभाजनों में रखकर नहीं देखा गया। इस दृष्टि से मेश्राम की तुलना में शरतचंद्र, मुक्तिबोध ज्यादा गहराई और विस्तार से दलित-साहित्य को परिभाषित करते हैं। उनके अभिमतानुसार, ''दलित संबंधी जीवन-दृष्टि से निर्मित साहित्य दलित-साहित्य है। इस जीवन-दृष्टि की मूल

प्रेरणा मनुष्य की स्वतंत्रता है। वर्ण-व्यवस्था की इस सीमित चौखट में दलित-जीवन की अवहेलना होती रही है। इस अपमानजनक स्थिति के विरुद्ध दलित-साहित्य विद्रोही स्वरूप में आया है।''[6] यद्यपि यहाँ दलित-साहित्य को वर्ण-व्यवस्था के विरोध में सीमित कर दिया गया है, किंतु जिस प्रकार इस साहित्य की रचना में जीवन-दृष्टि को एक संघटक तत्त्व के रूप में निरूपित किया गया है तथा मनुष्य की स्वतंत्रता को दलित-साहित्य के उद्‌देश्य के रूप में उभारा गया है, उससे इस परिभाषा को अतिरिक्त वैशिष्ट्‌य प्राप्त हो गया है। लक्ष्मण शरण जोशी दलितों की दुरवस्था के बावजूद उनकी वीरता और क्षमता को जिस प्रकार दलित-साहित्य की पहचान के रूप में रेखांकित करते हैं, उससे दलित-साहित्य को एक सशक्त समर्थन मिला है। उनके शब्दों में, ''दलितों की वेदना, पीड़ा, गुलामी, शोषण, विपन्नावस्था, आत्मवंचना, आत्मक्लेश, इसके साथ ही दरिद्री अवस्था में रहते हुए भी उसकी शूरता और सामर्थ्य तथा इनसानियत को कलात्मक शैली में व्यक्त करनेवाला साहित्य दलित-साहित्य है।'' जोशी की परिभाषा की सबसे बड़ी विशेषता यह है कि वे दलित-साहित्य के सारे जीवन-मूल्यों को कलात्मक शैली में व्यक्त करने पर विशेष बल देते हैं। दलित-साहित्य की समस्या यह है कि यहाँ भोगे हुए अनुभव की प्रामाणिकता तो संदेह रहित है, किंतु अभी उनकी कलात्मक अभिव्यक्ति संभव नहीं हो पाई। साहित्य में जब-जब संवेदना पक्ष और विचार पक्ष अतिवादी रूप धारण कर लेता है, तो उसमें से विज्ञापन तथा प्रचार की खुरचन झड़ने लगती है। अनुभव इकहरा होकर एक खास तरह के सरलीकरण में पसर जाता है। अधिकांश दलित चिंतकों और दलित लेखकों ने दलित समुदाय के भोगे हुए अनुभवों की कलात्मक प्रस्तुति को महत्त्व नहीं दिया। इसका परिणाम यह हुआ कि दलित-साहित्य का मूल्यांकन साहित्य के स्वीकृत प्रतिमानों पर नहीं किया जा सकता।

उपर्युक्त परिभाषाओं से हमें निश्चय ही दलित-साहित्य को पहचानने में मदद मिलती है, किंतु ये परिभाषाएँ वर्तमान दलित-साहित्य की सीमाओं का अतिक्रमण नहीं कर पातीं। हम सभी जानते हैं कि सृजन पहले होता है और उसके प्रतिमान बाद में बनाए जाते हैं। यदि भावी दलित-साहित्य के

विकास में संवेदना और शिल्प का अनुपात सध पाता है, तो निश्चय ही दलित-साहित्य के प्रतिमान भी सकारात्मक रूप से बदलेंगे। दूसरी बात दलित-साहित्य को जातिगत वैशिष्ट्य से जोड़ने का प्रयास इन परिभाषाओं में अधिक किया गया है। यह भी माना गया है कि दलित-साहित्य का कथ्य, क्योंकि भोगे हुए अनुभवों तक सीमित है, अतः इन भोगे हुए अनुभवों को दलित समुदाय के अतिरिक्त कोई अभिव्यक्ति नहीं दे सकता। हम यह मानते हैं कि निषेध, नकार, विद्रोह काफी हद तक इनसे प्रेरणा लेकर दलित-साहित्य लिखा जाता है, किंतु इनके महत्त्व को स्वीकार करते हुए भी इन्हें दलित-साहित्य के मूल्यों के रूप में स्वीकृति नहीं दी जा सकती। हमें ध्यान रखना होगा कि जिस प्रकार साहित्य की कोई रचना या साहित्य का कोई प्रतिमान बिना विकास और परिवर्तन के नहीं रह सकता, इसी प्रकार दलित-साहित्य की परिभाषाएँ और प्रतिमान भी बदले हैं और बदलते रहेंगे।

मूलभूत विशेषताएँ

दलित-साहित्य की उपर्युक्त परिभाषाएँ एक हद तक उसकी पहचान तो कराती हैं, किंतु इनसे दलित-साहित्य का संपूर्ण वैशिष्ट्य उभरकर सामने नहीं आता। हिंदी के बहुत से दलित चिंतकों ने अपने-अपने ढंग से इन विशेषताओं का उद्‌घाटन किया है। हमें इन विशेषताओं पर दृष्टिपात करने के साथ-साथ विवेकपूर्ण ढंग से इनका विश्लेषण और मूल्यांकन भी करना होगा, क्योंकि जिन आधारभूत विशेषताओं का हम निर्धारण करेंगे, उन्हीं से दलित-साहित्य के सामान्य वैशिष्ट्य को समझा जा सकेगा।

शरण कुमार लिंबाले ने दलित-साहित्य की कुछ विशेषताओं को रेखांकित करते हुए लिखा है, ''मराठी दलित मन बाबा साहेब के साथ बौद्ध-धर्म की दीक्षा लेकर, 'अछूत' होने की हीन ग्रंथि से मुक्त प्रायः हो गया, भले अभी भी वह अंधविश्वासों से घिरा है और अभी तक वहाँ भी जातीय विभाजन जारी है। लेकिन अब वे जन्मजात अछूत नहीं रहे। हिंदी पट्‌टी के लोग भगवान्, भाग्य और जातीय विभाजन एवं सामंती मानसिकता के आज भी शिकार हैं।

वे हिंदू-धर्म के 'अछूत' के स्टिग्मा से मुक्त नहीं हुए हैं। इसलिए अस्मिता निर्माण में उन्हें ज्यादा संघर्ष करना पड़ता है और भीतरी विरोध भी सहना पड़ता है। उन्हें बाहरी बर्बरता का सामना भी करना पड़ रहा है, इसलिए उनकी रचनाओं में आक्रोश और कटुता के साथ-साथ आत्मालोचना की शुरुआत भी हुई है।''[8] लिंबाले एक जाने-माने दलित चिंतक हैं। उन्होंने संभवत: पहली बार दलित-साहित्य के सौंदर्यशास्त्र का ढाँचा खड़ा करने का प्रयास किया है। यहाँ उन्होंने स्पष्ट करना चाहा है कि बाबा साहेब द्वारा बौद्ध-धर्म की दीक्षा लिया जाना एक प्रकार से दलित समुदाय का अछूत होने की हीन-ग्रंथि से मुक्त होना है, किंतु हिंदी क्षेत्र में जिस प्रकार धार्मिक अंधविश्वासों और सामंती मानसिकता का प्रसार है, उसको देखते हुए दलितों का संघर्ष अभी बाकी है। दलित-साहित्य में जो क्षुब्धता और कड़वाहट है, उसने उन्हें गैर-दलितों के सारे संदर्भों से अलग कर दिया है। लिंबाले के अभिमत में दलित-साहित्य की प्रवृत्तियों में संघर्ष, सोच और अभिव्यक्ति में कड़वाहट तथा घृणा के साथ-साथ आत्मालोचन को भी एक नई पहचान के रूप में रेखांकित किया गया है, क्योंकि अब तक दलित लेखक दलितों पर हुए अत्याचारों को लेकर या तो क्षुब्ध हैं या अपने साहित्य को लेकर आत्ममुग्ध हैं। दलित-साहित्य की विशेषताओं के क्रम को आगे बढ़ाते हुए लिंबाले ने लिखा, ''दलित-साहित्यकार अपनी कतिपय रचनाओं में सामाजिक उत्पीड़न के साथ-साथ आर्थिक शोषण को भी आधार बनाता है, पर अधिकांश साहित्य एकांगी ही हैं। दोनों को एक साथ लाने की मुहिम जारी है।''[9]

यहाँ लेखक ने सामाजिक और आर्थिक शोषण को दलित-साहित्य से जोड़ते हुए दलित-साहित्य की विशेषताओं का उद्घाटन किया है। यहाँ लेखक एक विशेष अंतर्विरोध की ओर संकेत करता है। दलित-साहित्य सामाजिक अंतर्विरोध को तो अपने साहित्य में उभारता और प्रमुखता देता है, किंतु आर्थिक शोषण को उस रूप में महत्त्व नहीं दे पाता। लिंबाले इसी क्रम में दलित-साहित्य की एक महत्त्वपूर्ण विशेषता की ओर संकेत करते हैं और वह है वेदना। वे वेदना को ऐतिहासिक संदर्भ देते हुए उसकी सामूहिकता को

रेखांकित करते हैं। उनके अभिमतानुसार, ''दलितों की वेदना ही दलित साहित्य की जन्मदात्री है। यह वेदना एक की नहीं, न ही यह एक दिन की है। यह वेदना हजारों की है, हजारों वर्षों की है। इसलिए यह व्यक्त होते समय समूह स्वरूप में व्यक्त होती है। दलित-साहित्य में वेदना एक 'मैं' की वेदना नहीं, वह पूरे बहिष्कृत समाज की वेदना है। इसलिए इस वेदना का स्वरूप सामाजिक बन गया है।''[10] जिस विद्रोह की चर्चा दलित-साहित्य के संदर्भ में की गई है, उसका उत्स भी वे वेदना को ही मानते हैं और इस वेदना एवं विद्रोह दोनों को एक साथ सामूहिक संदर्भ भी देते हैं। वे दलित-साहित्य को, उसमें विद्यमान नकारात्मकता को, दोहरे संदर्भों में व्याख्यायित करते हुए लिखते हैं, ''जिस प्रस्थापित विषम-व्यवस्था ने दलितों का शोषण किया, उस व्यवस्था को दिया गया यह नकार है। इस नकार का स्वरूप दुधारी है। यह विषम-व्यवस्था को नकारते हुए समता, स्वतंत्रता, न्याय और बंधुत्व की माँग करनेवाली सोच है। इसलिए यह ध्यान में रखना चाहिए कि दलित-साहित्य में नकार-यथार्थपरक विधायक दृष्टि रखनेवाला न्यायपरक प्रतिकार है।''[11] इसमें कोई संदेह नहीं कि जो अत्याचार और अपमान दलित समुदायों को सहने पड़े, उनसे उनके अंतर्मन में जो वेदना का संचार हुआ, वह दलित-साहित्य की रचना का मूल स्रोत है, किंतु यह भी मानना होगा कि दलित-साहित्य का जैसे-जैसे उभार हुआ, वैसे-वैसे उसमें वेदना के स्थान पर आक्रोश, घृणा और प्रतिरोध की भावना प्रबल होती गई। सामूहिक वेदना का स्थान सामूहिक आक्रोश ने ले लिया। इसके साथ ही जैसे-जैसे दलित वर्ग में राजनीतिक चेतना जाग्रत् हुई, वैसे-वैसे वेदना का यह भाव निःशेष हो गया। व्यवस्था का अस्वीकार और समता, स्वतंत्रता, बंधुत्व एवं न्याय की माँग एक आक्रोश की मुद्रा में ढलती चली गई। दलित लेखक यह मानने लगे कि उन्होंने अपने जीवन और परिवेश में जो सहा है, उसको उन्होंने प्रामाणिक तथा यथार्थपरक अभिव्यक्ति दी है। ''दलित लेखकों का आग्रह इस बात पर है कि 'मैंने जो जीवन जिया, भोगा और देखा है, वही मैंने साहित्य में व्यक्त किया है।' दलित-साहित्य में अनुभव 'स्वतंत्रता की आकांक्षा' से व्यक्त होने के कारण उसका स्वरूप 'मैं' होने की

अपेक्षा 'हम' जैसा है। इस अनुभव ने ही दलित लेखकों को लिखने के लिए प्रेरित किया। इस अनुभव का दलितों के जीवन से जुड़ाव नकारा नहीं जा सकता। दलित-साहित्य में अनुभव वेदना और विद्रोह के रसायन से तैयार होता है। इसमें दलित-चेतना की अहम भूमिका है!''[12] यहाँ अनुभूति की प्रामाणिकता को दलित-साहित्य की विशेषता के रूप में रेखांकित किया गया है। वास्तव में यदि इस दृष्टि से देखा जाए तो संपूर्ण हिंदी साहित्य में दलित-साहित्य से बढ़कर कोई भी साहित्य ऐसा नहीं है, जो इतनी प्रामाणिकता, मर्मस्पर्शिता तथा यथार्थपरक दृष्टि से अपने भोगे हुए अनुभवों को सटीक अभिव्यक्ति दे सके। साहित्य के इतिहास में जब भी दलित-साहित्य का मूल्यांकन होगा, तब उसके अवदान को कोई भी आलोचक नकार नहीं पाएगा, किंतु दलित-साहित्यकारों का भोगा हुआ अनुभव उन्हें अपने सामाजिक दायित्वों से मुक्त नहीं करता, बल्कि उनके दायित्व को और गंभीर बनाता है। ''दलित लेखक सामाजिक जिम्मेदारी से लिखता है। उसके लेखन में कार्यकर्ता का आवेश और निष्ठा अभिव्यक्त होती है। समाज बदले, समाज अपने प्रश्न समझे, यह तिलमिलाहट उसके लेखन में तीव्रता से व्यक्त होती है। दलित लेखक आंदोलन करते हुए लिखनेवाला कार्यकर्ता एवं कलाकार है। वह अपने साहित्य को आंदोलन मानता है। उसकी प्रतिबद्धता दलित और शोषित वर्ग से है।''[13] यह मानना होगा कि बहुत से दलित लेखक सामाजिक विषमता के उन्मूलन के लिए सर्जनात्मक स्तर पर संघर्ष में केवल अपनी अतीतकालीन दयनीयता, घृणा और आक्रोश को अभिव्यक्ति देते हैं, उनके आवेश में सामाजिक चेतना से जुड़ने की गंभीरता दिखाई नहीं पड़ती। वे आक्रोश की खदबदाहट उत्पन्न करके ही अपने कर्तव्य की इतिश्री मान लेते हैं, लेकिन इससे दलित-साहित्य की प्रासंगिकता की नींव कमजोर हो जाती है, किंतु सामाजिक दायित्व को दलित-साहित्य की विशेषता के रूप में रेखांकित किया जाना आवश्यक है।

साहित्य में यथार्थ के अलग-अलग पहलू होते हैं। दलितेतर साहित्य और दलित-साहित्य में निश्चय ही कुछ समानताएँ हैं, परंतु दोनों के यथार्थ का परिप्रेक्ष्य भिन्न है। दलितेतर साहित्य का यथार्थ उतना पैना, भयावह और

त्रासद नहीं, जितना दलित–साहित्य का यथार्थ। ''दलित–साहित्य का यथार्थ अलग है। इस यथार्थ की भाषा अलग है। यह भाषा दलितों की गँवार–असभ्य भाषा है। यह भाषा दलितों की बोली जानेवाली भाषा है। यह भाषा शिष्ट संकेत और व्याकरण के नियम न माननेवाली भाषा है। ऐसा कहा जाता है कि हर दस कोस पर भाषा बदलती है, किंतु दलितों के संबंध में अंतर का गणित गलत ठहरता है। एक ही गाँव में गाँव की भाषा और अछूत टोली की भाषा में भेद दिखाई देता है।''[14] वस्तुतः साहित्य में यथार्थ के जो रूप मिलते हैं, उनको अभिव्यक्त करने का शिल्प एक सा नहीं हो सकता। भाषा, बिंब, प्रतीक आदि यथार्थ का परिप्रेक्ष्य बदलने से स्वयं बदल जाते हैं। दलित–साहित्य की भाषा में जो अनगढ़पन है, आभिजात्य शिष्टता का अभाव है, जो खुरदुरापन है, उसका कारण यह है कि दलित–साहित्य की जो यथार्थ भूमि है, वहाँ इतने कटुतिक्त अनुभव हैं कि वहाँ इससे पृथक् भाषा की कल्पना की ही नहीं जा सकती। यह वह भाषा है, जो सदियों से चले आ रहे दलितों के अपमान, उनके प्रति घृणा और शोषण को सीधे–सीधे अभिव्यक्ति देती है। दलित–साहित्य और दलित समाज में अंतर्विरोध यह है कि जहाँ दलित–साहित्य अनगढ़ और आभिजात्य रहित भाषा का समान प्रयोग करता है, वहाँ दलित समाज की भाषा में देश–काल, परिस्थितियों के अनुसार बदलाव दीख पड़ता है। यहाँ दलित–साहित्य की जिस यथार्थ और उसको वहन करनेवाली जिस भाषा की चर्चा की गई है, उसके विषय में हम एक हद तक सहमत हैं, क्योंकि ऐसा देश और परिवेश के दबावों के कारण हुआ है, किंतु अनगढ़ता, अशिष्टता और भदेस को दलित–साहित्य की भाषा का प्रतिमान नहीं माना जा सकता। यथार्थ के सारे दबावों के बावजूद साहित्य की भाषा और प्रचार की भाषा में अंतर बना रहता है। रचनाकार सर्जना के एक स्तर से नीचे नहीं गिरता और न गिरना चाहता है। दलित समुदाय ने जो कुछ झेला है, उसकी प्रतिक्रिया में गाली–गलौज या अभद्र भाषा का प्रयोग दलित–साहित्य को स्तरहीन बनाता है और अशिक्षित दलित समुदाय भले ही इस पर ध्यान न देकर इस साहित्य से प्रेरित और प्रभावित हो सकता है, किंतु जैसे–जैसे दलित वर्ग में शिक्षा का प्रसार

बढ़ा है, वे धीरे-धीरे अधिक संस्कारवान होते जा रहे हैं। यह संस्कारशीलता दलितों में जितनी बढ़ेगी, उतना ही भद्‌दी, अनपढ़, संस्कारहीन दलित-साहित्य की भाषा से शिक्षित दलित समुदाय निश्चय ही वितृष्णा का अनुभव करेगा। दरअसल, कहीं-कहीं दलित-साहित्य भाषा के इस नए तेवर से अपनी पहचान बनाने के लिए भी प्रयत्नशील है। दलित चिंतकों ने दलितों के लिए जिस अलगाववादी दर्शन का सूत्रपात किया है, वहाँ समूची हिंदू परंपरा, संस्कृति, दर्शन और सामाजिक व्यवहार से अलगाव पर बार-बार बल दिया गया है। यह माना जाने लगा कि "पौराणिक साहित्य ने विषय-व्यवस्था का भरण-पोषण किया है। इसे दलित लेखक नहीं भूल सकते। इसलिए दलित लेखकों ने अपने लेखन में पौराणिक प्रतिमानों का प्रयोग न करने का रवैया अपनाया। दलित समीक्षकों ने दलित लेखकों को यह हिदायत दी कि उन्हें अपने लेखन में पौराणिक प्रतिमानों का प्रयोग करने की बजाय नए मिथकों का निर्माण करना चाहिए। जहाँ दलित लेखक-कवियों ने अपने लेखन में पौराणिक प्रतिमानों का प्रयोग किया भी है, वहाँ उन्होंने मूल पौराणिक प्रतिमानों को तोड़ा-फोड़ा भी है। इन प्रतिमानों को नया अर्थ और आशय दिया है, यह ध्यान में रखना चाहिए।"[15]

दलित समाज की विडंबना यह है कि हिंदू-धर्म की परंपराएँ, संस्कृति और सामाजिक व्यवहार उन्हें स्वीकार नहीं और नया धर्म, नई परंपरा तथा नया सामाजिक व्यवहार वे गढ़ नहीं सके। इससे वे एक ऐसे दोराहे पर खड़े हो गए हैं, जहाँ उनकी पहचान के संघटक तत्त्व उन्हें समझ में नहीं आते। उनकी कोशिश और इसी क्रम में दलित लेखकों की कोशिश भी यही रही है कि वे पूरी तरह से समूची व्यवस्थाओं से अलग होकर अपनी अलग पहचान गढ़ें, किंतु अलग पहचान के लिए जिस तार्किक और विवेकपूर्ण सोच के साथ-साथ जिस रचनात्मक कार्ययोजना की आवश्यकता होती है, वह पूरी तरह से अस्पष्ट है। इसलिए अपने अतीत से स्वयं को काटकर, उससे अलग होकर पलायनवादी दृष्टिकोण अपनाने की अपेक्षा अच्छा यह है कि उस परंपरा से आँख-से-आँख मिलाकर संवाद किया जाए और उसके जड़, रूढ़ एवं पाखंडी

तत्त्वों का उन्मूलन करने के लिए व्यापक आंदोलन का आरंभ किया जाए।

हमने पूर्व में 'दलित' को परिभाषित करते हुए दलित-योजना को समझने का प्रयास किया और इस क्रम में हमने यह देखा कि दलित-साहित्य को अधिकांशत: जातिगत सीमाओं में बाँधकर विशेषीकृत किया गया है। किंतु दलित चिंतकों और दलित-साहित्यकारों द्वारा दलित-साहित्य की जो विशेषताएँ निर्दिष्ट की गई हैं, वे एक हद तक जातिगत सीमाओं का अतिक्रमण भी करती हैं। हमने विद्वानों द्वारा निश्चित दलित-साहित्य की अनेक विशेषताओं का अवलोकन किया और उनका विश्लेषण करने के उपरांत ऐसी अनेक विशेषताएँ प्रकाश में आईं, जो दलित-साहित्य के स्वरूप को निर्धारित करती हैं। प्राय: सभी विद्वानों ने यह माना है कि दलित-चेतना ही दलित-साहित्य की प्रेरक और संवाहक है। दलित-साहित्य दलित समुदाय की सोच, मानसिकता और अनुभूति को व्याख्यायित करता है। दलित-साहित्य की दूसरी विशेषता प्रतिरोध, निषेध और विद्रोह की है। एक अर्थ में यह प्रतिरोध और विद्रोह दलित-साहित्य के संदर्भ में प्रासंगिक एवं सार्थक है, क्योंकि एक ओर तो यह अतीत में हुए दलितों के अपमान एवं शोषण के विरुद्ध उनकी स्वाभाविक प्रतिक्रिया है और प्रतिरोध तथा विद्रोह की इस प्रतिक्रिया ने निस्संदेह दलित-साहित्य को पैनापन भी दिया है, किंतु दूसरी ओर जब दलित-साहित्यकारों ने प्रतिरोध, निषेध, नकार तथा विद्रोह को दलित-साहित्य की पहचान और उसका आधारभूत मूल्य मान लिया है, तब दलित-साहित्य का संपूर्ण तंत्र नकारात्मक हो जाता है और जब नकारात्मकता दलित-साहित्य की पहचान बन जाती है, तब वह अपने वास्तविक उद्‌देश्य से भटक जाता है, इसलिए दलित-साहित्य को प्रतिरोध और विद्रोह को आधार बनाकर ऊर्जा तो लेनी चाहिए, किंतु इनमें दलित-साहित्य को सीमित करना, उसे उसके मूलभूत उद्‌देश्यों से भटका देगा। दलित-चेतना की तीसरी महत्त्वपूर्ण विशेषता है—स्वातंत्र्य चेतना। दलित-साहित्य दलितों को न केवल तथाकथित उच्च जातियों द्वारा किए गए शोषण और अपमान से मुक्त करना चाहता है, बल्कि वह दलित समुदाय के भीतर विद्यमान दुर्बलताओं, अंधविश्वासों, रूढ़ियों से उसे मुक्त कराने के लिए भी प्रयत्नशील

है। दलितों की मुक्ति के लिए यह दोहरा आंदोलन दलित–साहित्य की प्रेरणा और प्रस्थान–बिंदु है। बहुत से दलित–साहित्यकारों ने मानवीय दृष्टिकोण को दलित–साहित्य की एक महत्त्वपूर्ण विशेषता के रूप में रेखांकित किया है। दलित–साहित्यकारों को जातिगत मानसिकता का परित्याग करके दलितों के शोषण, अत्याचार और अपमान को मानव–मात्र के शोषण, अत्याचार एवं अपमान से जोड़ना होगा। मनुष्य जाति का इतिहास साक्षी है कि उसकी भौतिक और वैचारिक उन्नति के समानांतर मनुष्य के द्वारा किए गए मनुष्य के शोषण का भी एक अपना इतिहास हैं। दलित–साहित्यकारों को मानवीय शोषण के इस इतिहास को वैश्विक परिप्रेक्ष्य में समझना होगा एवं संपूर्ण विश्व के शोषित समुदाय के साथ अपने साहित्य को जोड़ना होगा।

आत्मालोचना को भी दलित–साहित्य की एक महत्त्वपूर्ण विशेषता के रूप में रेखांकित किया जाना चाहिए। दलित–साहित्य में प्राय: यह देखा गया है कि वह अपने दुरवस्था के लिए हिंदू–धर्म और उससे जुड़ी सवर्ण जातियों को उत्तरदायी मानता है। वह अपने जातीय नेताओं के अतिरिक्त सभी के प्रति विरोध अथवा उदासीनता का भाव रखता है। इससे एक ओर जहाँ दलित–साहित्य का दायरा संकुचित होता है, वहाँ दूसरी ओर उसमें नकारात्मकता की प्रवृत्ति पनपती है। दलित–साहित्य से जुड़ा एक दूसरा पहलू यह है कि वह साहित्य के परंपरागत प्रतिमानों का निषेध करते हुए दलित–साहित्य को अलग खड़ा कर देता है। विषयवस्तु, संवेदना और शिल्प सभी को लेकर दलित–साहित्यकार आत्ममुग्ध हैं तथा वे यह मान लेते हैं कि साहित्य की परंपराओं से उनका कोई लेना–देना नहीं है। हमें दलित–साहित्य की क्षमताओं के साथ–साथ उसकी सीमाओं को भी तटस्थ और निर्मम दृष्टिकोण से देखना होगा। इस प्रकार एक ओर जहाँ वर्तमान परिप्रेक्ष्य में संपूर्ण दलित समुदाय को आत्मालोचन की आवश्यकता है, वहाँ दलित–साहित्य के सौंदर्यशास्त्र को गढ़ने के लिए भी विवेकपूर्ण आत्मालोचन आवश्यक है। इसी क्रम में सामाजिक एवं आर्थिक उत्पीड़न का विरोध दलित–साहित्य की एक महत्त्वपूर्ण प्रवृत्ति है। दलित–साहित्य की सभी विधाओं में यह विरोध अपने–अपने ढंग से

अभिव्यक्त हुआ है और वह दलित-साहित्य का सर्वाधिक महत्त्वपूर्ण विषय भी बना है, किंतु दलित जनों द्वारा किए गए सामाजिक एवं आर्थिक उत्पीड़न के विरोध और दलित-साहित्य द्वारा किए ऐसे ही विरोध में मूलभूत अंतर है। दलित जनों का विरोध निश्चय ही आंदोलनात्मक और प्रचारमूलक होगा, किंतु दलित-साहित्य में प्रचार और आंदोलन की स्वीकृति से उसकी साहित्यिकता को क्षति पहुँचेगी। आवश्यकता इस बात की है कि यह विरोध साहित्यिक मूल्यों के द्वारा कलात्मक और पारदर्शिता से संपन्न हो। दलित-साहित्य की इसी विशेषता का उत्तर-पक्ष है, सामाजिक न्याय और समता का समर्थन। एक ओर दलित-साहित्य सामाजिक एवं आर्थिक उत्पीड़न का सर्जनात्मक विरोध करता है, तो दूसरी ओर अपने उद्देश्य की पूर्णता के लिए वह सामाजिक न्याय और समता का समर्थन भी करता है। बाबा साहेब अंबेडकर से लेकर आज के दलित नेताओं तक, सभी दलित समुदाय को (दलित-साहित्य को भी) सामाजिक न्याय एवं समता के लिए प्रेरित और प्रभावित करते हैं। केवल यह ध्यान रखना है कि यह समतामूलक चेतना दलित-साहित्य में कहीं प्रचार का रूप न ले ले। दलित-साहित्यकारों को सामाजिक न्याय और समता को साहित्य की सर्जनशीलता से जोड़कर स्वीकार करना होगा।

एक प्रश्न यह उठता है कि दलित आंदोलन और दलित-साहित्य लेखन का मूल उत्स क्या है? बहुत से दलित चिंतकों एवं दलित-साहित्यकारों ने वेदना को माना है। निश्चय ही सदियों से दलितों ने जो सहा है, उससे उत्पन्न वेदना और छटपटाहट ही अंततः दलित-साहित्य की प्रेरणा है। यह बात और है कि वेदना भले ही प्रेरणा के बीज रूप में विद्यमान हो, किंतु अब उसका स्थान विरोध और आक्रोश ने ले लिया है। दूसरे शब्दों में कहें तो वेदना दलित-साहित्य के तल में है और विद्रोह सतह पर। भोगे हुए यथार्थ की अनुभूति दलित-साहित्य की एक महत्त्वपूर्ण विशेषता है। दलित-साहित्य में जो भी लिखा गया है, वह दलितों के भोगे हुए यथार्थ की ही अभिव्यक्ति है। संभवतः इसीलिए दलित-साहित्य में स्वानुभूति और सहानुभूति पर विवाद चला। इस विषय पर आगे विस्तार से विचार किया जाएगा, यहाँ हमें इतना

ही कहना है कि दलित-साहित्य का दायरा हम जितना बढ़ा सकें, उसके लिए वह उतना ही हितकर होगा। परिवर्तन की आकांक्षा को भी दलित-साहित्य की एक महत्त्वपूर्ण विशेषता के रूप में समझा जा सकता है। हिंदू धर्म का एक अंग होने के नाते प्राचीन काल से दलित समुदाय भी कर्मफल सिद्धांत एवं भाग्यवादी दृष्टिकोण के कारण यह सोच भी नहीं सकता था कि उनकी दुरवस्था में कभी परिवर्तन संभव है। महान् दलित विचारकों बाबा साहेब भीमराव अंबेडकर, ज्योतिबा फुले ने दलित समाज को अंधविश्वासों से मुक्त करने की चेष्टा की और उनमें यह आत्मविश्वास जगाया कि वे अपनी मानसिकता में बदलाव संगठन शक्ति के बल पर करके अपनी स्थितियों में बदलाव ला सकते हैं। दलित-साहित्य इसी सामाजिक बदलाव का सर्जनात्मक साक्ष्य है। दलित-साहित्य के अंतर्गत जो कथा साहित्य लिखा गया, जो कविताएँ रची गईं, उनमें सामाजिक परिवर्तन की केवल आकांक्षा ही नहीं है, बल्कि इस परिवर्तन को दिशा भी प्रदान की गई है।

दलित-साहित्य का इतिहास बहुत लंबा नहीं है, इसलिए साहित्यिक दृष्टि से उसका बहुत अधिक विकास संभव नहीं हो पाया है। दलित-साहित्य के रचनाकारों ने वे संपूर्ण परंपराएँ, वह समूची संस्कृति, वह सारा साहित्य, जो दलितों को अत्याचार और शोषण का शिकार बनाता है, दलित-साहित्यकार उससे कोई सरोकार नहीं रखना चाहते। इसलिए वे परंपरा से मौजूद शिष्ट साहित्य के समानांतर ऐसे साहित्य को खड़ा करते हैं, जो अनगढ़, परंपरागत साहित्यिक संस्कारों और प्रतिमानों से पूरी तरह अलग है। यह सही है कि आक्रोश, वेदना और अपमान की भावना को अभिव्यक्त करने के लिए कलात्मकता तथा साहित्यिकता की विशेष आवश्यकता नहीं है। यह सब कबीर की फकीराना शैली में भी व्यक्त हो सकता है, किंतु यह दलित-साहित्य की अपूर्णता को भी रेखांकित करता है। अनगढ़ता साहित्य का मूल नहीं हो सकती। वह एक समय की परिस्थितियों के दबाव का परिणाम है। इसे मूल्य न मानकर दलित-साहित्य को धीरे-धीरे अधिक सर्जनात्मक बनना होगा। इस अनगढ़, भदेस, इकहरे साहित्य के लिए दलित-साहित्य को अलग से पहचान देने की

छटपटाहट भी उत्तरदायी है, किंतु पहचान बनाने का अर्थ विचित्र हो जाना नहीं है, बल्कि साहित्यिक परंपराओं से संवाद करते हुए दलित–साहित्य को धीरे–धीरे पाठकीय रुचि और संस्कारों के अनुरूप बनाना होगा। वस्तुतः दलित–साहित्य ने उपर्युक्त विशेषताओं के द्वारा अपनी अलग पहचान तो रेखांकित कर ली है, किंतु अब आवश्यकता इस पहचान को अधिक व्यापक और गहरा बनाने की है।

दलित-साहित्य : एक अंतःप्रवेश

अब तक हमने दलित–साहित्य की सैद्धांतिक चर्चा का व्याख्यान और विश्लेषण किया। किंतु दलित–साहित्य की हमारी समझ तब तक समग्र रूप धारण नहीं करती, जब तक हम दलित–साहित्य के भीतर झाँककर उस पर विचार–विश्लेषण न करें। यहाँ हमारा उद्‌देश्य दलित–साहित्य का सर्वांगीण विहंगावलोकन नहीं है, क्योंकि एक तो यह संभव नहीं और दूसरे अगर यह किसी प्रकार संभव भी हो, तो इससे विषय का अनावश्यक विस्तार भी होगा। हमारा उद्‌देश्य प्रतिदर्श प्रणाली (Sampling System) का उपयोग करते हुए दलित–साहित्य की प्रवृत्तियों का विहंगावलोकन करना है।

सबसे पहले हम कुछ दलित कहानियों का संदर्भ लेते हैं। ओम प्रकाश वाल्मीकि की एक कहानी है 'पच्चीस चौका डेढ़ सौ'। इस कहानी में महाजनी–व्यवस्था के शोषण का शिकार सुदीप का पिता गाँव के चौधरी से सौ रुपए का कर्ज लेता है। हिसाब पूछने पर चौधरी बताता है, "सौ रुपए पर हर महीने पच्चीस रुपए ब्याज के बनते हैं। ब्याज–ब्याज के हो गए पच्चीस चौका डेढ़ सौ। तू अपणा आदमी है, तेरे से ज्यादा क्या लेणा। डेढ़ सौ में से बीस रुपए कम कर दे। बचे एक सौ तीस। चार महीने का ब्याज एक सौ तीस अभी दे दे। बाकी मूल जिब होगा, तब दे देणा; महीणे के महीणे ब्याज देते रहणा।"[16] यहाँ चौधरी भोले–भाले सुदीप के पिता के दिमाग में मूलधन और ब्याज का गणित इतना पक्का बिठा देता है कि वह मानने लगता है कि पच्चीस चौका डेढ़ सौ ही होते हैं। सुदीप बचपन से ही जब भी वह पहाड़ा

रटता है, पिता सही पहाड़े को गलत सिद्ध करके सुदीप से कहता है कि वह पच्चीस चौका डेढ़ सौ ही याद करे। सुदीप के पिता का यह मान लेने का कारण केवल अशिक्षा नहीं है, बल्कि चौधरी के ज्ञान और ईमानदारी पर अगाध विश्वास है। उसकी दृढ मान्यता है कि चौधरी कभी झूठ नहीं बोल सकते। बाद में सुदीप जब पढ़-लिखकर चौधरी के गणित की पोल खोलता है, तब 'पिताजी के हृदय में अतीत जलने लगता है। उनका विश्वास, पिछले तीस-पैंतीस सालों से वे अपने सीने में लगाए चौधरी का गुणगान करते नहीं थकते थे, आज अचानक काँच की तरह चटककर उनके रोम-रोम में समा गया था।'[17] सुदीप के पिता का चौधरी के प्रति विश्वास ही नहीं टूटता, बल्कि वह स्वयं भी भीतर से टूट जाता है। वह अपने ठगे जाने की छटपटाहट और आक्रोश को कहानी के अंत में इन शब्दों में व्यक्त करता है, "कीड़े पड़ेंगे चौधरी···कोई पानी देनेवाला भी नहीं बचेगा।"[18] यह कहानी विश्वासघात की पीड़ा और अशिक्षा के अभिशाप, दोनों को साथ लेकर दलित समुदाय की सहजता और निश्छलता को रेखांकित करती है, जिन्हें प्राय: शोषक वर्ग द्वारा ठग लिया जाता है।

मोहनदास नैमिषराय की कहानी 'अपना गाँव' आजादी के बाद गाँवों और शहरों में दलितों के प्रति आए सामाजिक बदलाव पर प्रश्नचिह्न लगाती है। यह प्रचारित किया जाता है कि गाँवों में भले ही हो, किंतु शहर में कोई छुआछूत नहीं है। इस कहानी में तथाकथित उच्च जातियों द्वारा दलितों पर किए गए शोषण और अत्याचारों का बहुत ही लोमहर्षक चित्रण है। दलित वर्ग का एक युवक इन अत्याचारों से निजात पाने के विकल्प के रूप में शहर जाने की बात करता है, किंतु अंतत: वे सब यह कह पाते हैं, "जात-पात की बीमारी सब जगै है, क्या गाँव क्या शहर।"[19] और पूरा दलित समुदाय एक नया गाँव बसाने का निश्चय कर लेता है। दरअसल, यह कहानी शोषण के शिकार दलित वर्ग को उस अलगाव की ओर ले जाती है, जहाँ दलितेतर संबंधों को पूरी तरह नकारकर यह मान लिया गया है कि दलित ही अपनी नियति के निर्माता हैं।

दलित वर्ग इस दौर में आकर यह महसूस करने लगा है कि जैसे-जैसे समय बदला है, परिस्थितियाँ बदली हैं, उसके साथ तथाकथित उच्च जातियों की मानसिकता तो नहीं बदली, किंतु उन्होंने अपने शोषण के औजार अवश्य बदल लिये हैं। वे अब सीधे-सीधे दलितों का अपमान नहीं करते, बल्कि शातिर तरीके अपनाते हुए अपने व्यवहार में मिठास बनाए रखकर दलितों को अपमानित और प्रताड़ित करते हैं। बैंक में कर्ज लेने के लिए गया नत्थू जब मैनेजर से कर्ज स्वीकृत करने की गुहार लगाता है तो मैनेजर उसे ट्रांसपोर्ट के लिए कर्ज न देकर सुअर पालने के लिए कर्ज देना चाहता है। उसकी मानसिकता यह है कि दलित किसी भी रूप में, किसी भी तरह सवर्णों से समानता न कर सके। उसे उसके पैतृक व्यवसाय में पुनः लगाकर मैनेजर यही सिद्ध करना चाहता है। बैंक मैनेजर अपनी मानसिकता को अभिव्यक्त करते हुए कहता है, "भविष्य में ध्यान रखना कि कोई भी अछूत वर्ग का युवा अपना धंधा शुरू करने के लिए बैंक से कर्जा हेतु प्रार्थना-पत्र भरकर देता है, तो उसे उसके पैतृक धंधे में ही लगने हेतु प्रेरित करना है। उसे ऐसा विश्वास दिलाओ कि वह अपना पैतृक धंधा छोड़कर दूसरे धंधों की कल्पना भी न करे।"[20] भोला-भोला नत्थू, मैनेजर की बात मानकर 'पिगरी फार्म' के लिए लोन लेने को तैयार हो जाता है, किंतु उसकी पत्नी, जो कम शिक्षित होते हुए भी प्रबुद्ध है, नत्थू के सामने बैंक मैनेजर की साजिश का पर्दाफाश करती है। नत्थू इस साजिश को समझ जाता है और अन्य दलित लोगों को संगठित करके बैंक पर धावा बोल देता है। अपने अधिकारों के प्रति जागरूक दलितों का यह विकराल रूप देखकर मैनेजर नत्थू को ट्रांसपोर्ट के लिए कर्जा देने को विवश हो जाता है। यह कहानी सवर्णों की मानसिकता और दलितों की जागरूकता, दोनों के सह-अस्तित्व को रेखांकित करती है।

आज के युग में पारस्परिक विषमता की मानसिकता से केवल दलितेतर समाज ही ग्रस्त नहीं है, बल्कि जाने-अनजाने दलित समाज भी इस सोच का अनुगमन करता हुआ दिखाई देता है। यह सोच दलित समाज के अंतरंग संबंधों में भी पसर गई है। प्रेम कपाड़िया की कहानी 'हरिजन' में एक महत्त्वपूर्ण

तथ्य यह है कि कहानी का नायक स्वयं हरिजन है, किंतु उसकी पत्नी सवर्ण जाति से संबंध रखती है। वह अपने संस्कारवश पति के जूते उतारना चाहती है, किंतु प्रेम, जो दलित है और उससे सामाजिक पिछड़ेपन की मानसिकता से ग्रस्त होने की आशा की जाती है, यह प्रगतिशील दृष्टिकोण से अपनी पत्नी के पिछड़े संस्कारों को दुरुस्त करने के लिए उसे प्रेरित और प्रभावित करने का प्रयास करता है, जब प्रिया उसके जूते के फीते खोलने लगी थी।

"नहीं प्रिया!" प्रेम ने टोका, "यह ठीक नहीं है। मैं अपने जूते स्वयं उतार सकता हूँ।"

"पत्नी के लिए पति परमेश्वर होता है। मेरा...आपकी सेवा ही धर्म है।"

"नहीं प्रिया, प्लीज!" प्रेम बोला, "इस मनुवादी सोच को दिल से निकालकर फेंक दो...जब औरत पुरुष के साथ समान शिक्षा ग्रहण करती है, तो वह दासी कैसे है?"

"यह हमारे वेद–पुराण कहते हैं।"

"वेद–पुराण आज से सैकड़ों साल पहले बने थे...तब नारी जागरूक नहीं थी...औरत का घर से बाहर निकलना ही गुनाह था...लेकिन आज वह आजाद है...प्लीज! फीते छोड़ दो।"[21] इस कहानी का रोचक पक्ष यह है कि दलित प्रेम, जिसे और जिसके वर्ग को समाज में सोच की दृष्टि से पिछड़ा हुआ माना जाता है, वह प्रगतिशील है और दलित पति प्रेम उसे 'करेक्ट' करता है। इस कहानी का सबसे महत्त्वपूर्ण पक्ष यह है कि मंदिर में देवदासी के रूप में रह रही प्रेम की माँ को प्रेम स्वयं शिक्षित होकर, 'आई.पी.एस.' बनकर मुक्त कराता है। कुल मिलाकर इस कहानी में बदलते हुए दलित समाज की प्रगतिशीलता और सशक्तीकरण को मर्मस्पर्शी अभिव्यक्ति दी गई है।

रत्न कुमार सांभरिया की कहानी 'फुलवा' को सवर्ण और दलित मनोविज्ञान का विश्लेषण करनेवाली एक श्रेष्ठ कहानी माना जा सकता है। गाँव का जमींदार रामेश्वर अपने बच्चे की नौकरी के सिलसिले में शहर आता है। उसे अपनी पंडितानी चाची के घर जाना है, किंतु उसी नगर में रामेश्वर के गाँव की दलित परिवार से जुड़ी महिला फुलवा भी रहती है। फुलवा जमींदार

रामेश्वर के यहाँ कभी नौकरानी थी । उसका पता पूछकर वह उसके घर पहुँच जाता है। अब फुलवा गाँव की नौकरानी 'फुलवा' नहीं रही, बल्कि वह अब एक संपन्न परिवार की मुखिया है। उसका बेटा सुपरिंटेंडेंट ऑफ पुलिस है। एक ओर रामेश्वर की सड़ी-गली, पिछड़ी सामंतीय मानसिकता है, दूसरी ओर फुलवा का सहज उदार स्वभाव है, जिसके साथ वह रामेश्वर के सामने अपने वैभव का प्रदर्शन भी करना चाहती है, जिसे रामेश्वर ने फुलवा की बहू समझा, फुलवा ने बताया, ''नहीं रामेश्वरजी, बहू नहीं है, नौकरानी है अपनी। कुँवर नाम है इसका। हमने तो आज तक पूछा नहीं कि किस जाति की है।···गाँव में छत्तीस फाँक हैं, शहर में दो ही जात होती हैं—अमीर और गरीब।''[22] इस कहानी में एक खास किस्म का उठान तब आता है, जब रामेश्वर के सामने पंडितानी फुलवा को अपने सिरहाने बिठा लेती है, ''फुलवा पाँयती सरकी। पंडिताइन ने उसका हाथ पकड़कर सिरहाने बैठा दिया। वह उसे फुलवा नहीं, फुलवंती कहती थी। ताकीद की, 'देख फुलवंती, तूने ही एक दिन कहा था न, तू मुझसे एक साल बड़ी है। जब बड़ी है, तो पाँयती बैठकर मुझे पाप में गलाएगी।' रामेश्वर ने साफा उतारकर सिर खुजलाया और फिर रख लिया। रामेश्वर जैसे भँवर में फँसा कोई तिनका। पंडिताइन पायताने, फुलवा सिरहाने, देहरी की ईंट चौबारे। अनुरक्ति और विरक्ति के बीच ईर्ष्या और द्वेष ऐसी जलन पैदा कर रहे थे, जैसे अधपके फोड़े में पीब और लहू।''[23] यह देखकर भी रामेश्वर की सोच नहीं बदलती। वह पंडिताइन से कहता है, ''दादी, फुलवा चाहे सोने की हो जाए, रहेगी उसी जात की। मैंने तो उसके घर का पानी तक नहीं पिया। धर्म भ्रष्ट होने से मर जाना अच्छा समझता है रामेश्वर।''[24] पंडिताइन दलितों और सवर्णों की बदलती हुई सोच के साथ रामेश्वर को आईना दिखाती हुई कहती है, ''तू तो कुएँ का मेढक ही रहा रामेसरिया। अब तो पढ़ और पैसे का जमाना है, जात-पात का नहीं। फुलवंती का राधामोहन कोई छोटा-मोटा अफसर नहीं है। एस.पी. है, एस.पी। एक बात बताऊँ तुझे, जाकर मेमसाहब के पैर पकड़ ले और तब तक मत छोड़ना, जब तक वह 'हाँ' न कह दें।'' पंडिताइन ने एक ठंडी साँस ली, ''चरण छुओ बहूरानी के। मेरे बेटे को तो

उसी ने नई जिंदगी दी है।'' रामेश्वर के शरीर पर जैसे किसी ने तेजाब उड़ेल दिया हो।''[25] यह कहानी अनेक दृष्टियों से दलित–साहित्य में विशेष स्थान रखती है। पहली बात तो यह है कि इस कहानी में सामंतीय मानसिकता और प्रगतिशील दलित मानसिकता में सीधा टकराव है तथा इस टकराव में सवर्ण सामंतीय मानसिकता धीरे–धीरे घुटने टेकती जाती है। वास्तव में इस बदले हुए परिवेश में दलितेतर जातियों की सोच एवं व्यवहार क्या होना चाहिए, कहानीकार इस दिशा की ओर भी संकेत करता है। इस कहानी में भरपूर कथा–रस होने के साथ–साथ मनोवैज्ञानिक तत्त्व भी मौजूद हैं, जो परत–दर–परत कहानी के मर्म का उद्‌घाटन करते चलते हैं।

संवैधानिक प्रावधानों के चलते दलित समुदाय का एक खास वर्ग उच्च सरकारी पदों पर काबिज हो गया है। विडंबना यह है कि उच्च सरकारी पदों पर आसीन यह दलित वर्ग प्रायः अपने पूरे समाज से कन्नी काट लेता हैं और अपनी गोटी फिट करने के लिए नए–नए दाँव–पेंच आजमाता है। सत्य प्रकाश की कहानी 'दलित ब्राह्मण' दलित समाज के इसी अंतर्विरोध को रेखांकित करती है। कहानी का प्रमुख पात्र विजयरंजन कुरील यद्यपि दलित हितों को लेकर लंबे–चौड़े दावे करता है, किंतु उसके सवर्ण साथी भली प्रकार जानते हैं कि कुरील के लिए दलित प्रश्न कोई मायने नहीं रखते, उसे केवल अपने प्रमोशन की चिंता है। माहेश्वरी उसकी इस प्रवृत्ति पर व्यंग्य करते हुए कहता है, ''अच्छा, एक बात बताओ। आप अभी–अभी व्यवस्था की बात कर रहे थे। व्यवस्था के तहत ही तो आपको दलितों का प्रतिनिधि बनाया गया था। आमतौर पर अब तक ब्राह्मणों पर यह आरोप लगता रहा है कि उन्होंने दलित समाज के साथ अन्याय किया है। सही–गलत तो विवाद का विषय हो सकता है, लेकिन आज अगर कहीं अन्याय होता है, तो आप ही तो उसे सरकार के ध्यान में लाएँगे। अगर आप ऐसा नहीं करते हैं, तब आप भी तो उनके लिए ब्राह्मण ही हुए। शोषण कोई भी करे, फर्क क्या पड़ा!''[26] यहाँ 'दलित ब्राह्मण' शब्द का प्रयोग इस जातीय अंतर्विरोध के लिए बहुत सार्थक प्रयोग है। वस्तुतः ब्राह्मण वर्ग जिस प्रकार अपने वर्चस्व की रक्षा के लिए उलटे–सीधे सभी प्रकार

के रास्ते अपनाता है, उसी प्रकार निर्धन, शोषित दलितों के बीच से तरक्की पाकर संपन्न हुआ दलित वर्ग भी अपने वर्चस्व की रक्षा के लिए सभी प्रकार के हथकंडे अपनाता है। दलित आत्मालोचन की दृष्टि से यह कहानी मील का पत्थर है।

शरण कुमार लिंबाले एक जाने–माने दलित–साहित्यकार हैं। उनके दलित–साहित्य में दलित–विमर्श के प्राय: सभी पक्ष अपने पूरे साहित्यिक उत्कर्ष के साथ विद्यमान हैं। उनकी कहानी 'जाति न पूछो' दलित और दलितेतर संबंधों को यथार्थपरक ढंग से प्रस्तुति देती है। इस कहानी में कथानायक सवर्ण है, जो सिद्धांत रूप से जाति–प्रथा को न मानते हुए भी अपने को दलित परिवेश के अनुकूल नहीं बना पाता और एक हणम्या है, जो सवर्ण जातियों के माहौल में 'मिसफिट' है। हणम्या अपने सवर्ण दोस्त के माहौल में अपने को फिट करने के लिए अपने पिता को गाँव का आदमी बताता है। हिंदू देवी–देवताओं के विरोध में लिखी हणम्या की कविता का विरोध करते हुए कथानायक उसी प्रकार के तर्क देता है, जो आमतौर पर उच्च जाति के लोग देते हैं, "इस आदमी से मुझे प्यार है, लेकिन यह तो अपनी जाति को भूल ही नहीं सका है। इस तरह की कविता लिखने से जाति–व्यवस्था नष्ट नहीं हो सकती, बल्कि जिनके मन एक–दूसरे के निकट आए हुए हैं, वे भी ऐसे साहित्य से दूर हो जाएँगे।"[27] इस कहानी में एक ओर हणभ्या अपने मित्र के साथ उत्कट प्रेम के बावजूद सवर्णों के प्रति घृणा और आक्रोश का अनुभव करता है, तो दूसरी ओर सवर्ण मित्र एवं उसका परिवार सवर्ण मानसिकता से उबर नहीं पाते। हणम्या अपने सवर्ण मित्र की माँ को अपना खून तक देने के लिए तैयार हो जाता है, पर उसका खून नहीं लिया जाता। उसे महसूस करा दिया जाता है कि अगर वह दलित है, तो उसका सवर्ण समुदाय से कोई संबंध संभव नहीं है। इस कहानी में तथाकथित उच्च और निम्न जातियों की मानसिकता में विद्यमान अंतर्विरोध को बहुत पैनेपन के साथ उभारा गया है।

'जब मैंने जाति छुपाई' नामक कहानी उन विडंबनाओं की ओर संकेत करती है, जो जाति छिपाने के बाद भी दलित को झेलनी पड़ती हैं। इस कहानी

में लेखक ने इस परिप्रेक्ष्य में तथाकथित उच्च जातियों और निम्न जातियों के मनोविज्ञान का बहुत सूक्ष्म निरूपण किया है। जाति छिपाने पर दलित जाति का हमारा कथानायक अपनी मन:स्थिति इन शब्दों में अभिव्यक्त करता है, "मुझ पर जाति छुपाने के कारण आफत आई थी। उस घटना की याद आते ही पूरे तन–बदन में जैसे आग सी लग जाती है। सिर भन्नाने लग जाता और लगने लगता है कि इस दुर्भाग्यपूर्ण देश में दलित बिरादरी में गलती से भी जन्म नहीं लेना चाहिए। इस बिरादरी में जन्म लेने पर तो इस कदर यंत्रणा और अवमानना सहनी पड़ती है कि उससे तो मर जाने का दिल करता है। जहर खाकर जिंदगी के खोल पर परदा डालने की इच्छा बलवती हो जाती है।···यदि मैं कुछ दिन और अपनी जाति छिपाए रखता तो जैसे बिल्कुल ही पागल हो जाता या फिर हलाहल पीकर साँप के रूप में मुंबई आ गया होता।"[28] यहाँ कथानायक जब भी अपनी जाति छिपाने की उस घटना का स्मरण करता है, उसके मन का आक्रोश, वेदना और टीस उभरकर सामने आ जाते हैं तथा दलित बिरादरी में जन्म लेने के कारण वह पहली बार क्षुब्धता का अनुभव करता है। यह एक ऐसी यंत्रणा और दयनीय अवस्था है, जिसको भोगना सचमुच अपमान एवं उपेक्षा के अंतिम छोर को छू लेना है। दूसरी ओर सवर्ण जातियों की घृणित मानसिकता का प्रतिरोध करने के लिए भी वह व्यक्ति भीतर–ही–भीतर अवश्य आंदोलित होता है, जो अपनी जाति छिपाकर सवर्णों के बीच रहता है। इस प्रसंग को कहानीकार ने इस प्रकार निरूपित किया है, "क्यों रे? उस आवारा अछूत के संग बात कर रहा था तू?" उनका गरूर तोड़ने के लहजे में मैंने कहा, "अछूत? कौन है अछूत? अग्नि भी अछूत है और सूर्य भी, मृत्यु भी तथा पंचतत्त्व भी··· ।" नौकरी की परवाह किए बिना मैंने बेलाग होकर कहा, "बेशक, मैं मुंबई से आ रहा हूँ। क्रांतिपीठ मुंबई नगरी से। मनु ने जिस देश का सत्यानाश कर दिया, मुंबईवासियों ने उसे मुक्ति दिलवाई, मैं उसी महानगरी का एक मेहनती नागरिक हूँ। मुझे अपने कर्तव्य पर पूरा भरोसा है।"[29] अंतत: कथानायक अपने अपमान की यंत्रणा को झेलते हुए सहनशीलता के उस बिंदु पर पहुँच जाता है, जहाँ उसका आक्रोश एक ज्वालामुखी की तरह फूट पड़ता

है। ''मास्टरजी, मैं यह नौकरी छोड़ रहा हूँ। मुंबई जाकर जो भी काम मिले, करूँगा। मैट्रिक की परीक्षा दूँगा। कॉलेज में जाऊँगा। वकील बनूँगा। मुझे कामगार नहीं बनना है। यह जीना भी कोई जीना है? पल-पल मरना···।''[30] यह सब कहते हुए उसकी आँखें जैसे अंगार उगल रही थीं। तलवार की धार सा संवेदनशील मन था उसका। उसके मानसिक दुःख-दर्द का अनुमान मैं भली-भाँति लगा सकता था।'' कथानायक का यह आक्रोश उस दलित मानसिकता का प्रामाणिक अंकन करता है, जो संपूर्ण दलित समुदाय की चेतना में ज्वालामुखी की तरह धधक रहा है। कथानायक की स्थिति यह है कि अपनी वास्तविक जाति बताने पर उसे न सम्मान मिलता है, न आर्थिक सुरक्षा और जाति छिपाने पर उसका मन सवर्णों द्वारा दलित काशीनाथ पर किए जा रहे अत्याचारों से क्षुब्ध होता रहता है। कथा-शिल्प और यथार्थ-बोध की दृष्टि से यह कहानी दलित-साहित्य की एक महत्त्वपूर्ण उपलब्धि है।

जी.एल.नायर की कहानी 'चतुरी चमार की चाट' में सहज मानवीयता और नग्न यथार्थ के धूप-छाँही रंग देखने को मिलते हैं। कहानी का पूर्व पक्ष व्यापक मानवीय संवेदना का निर्देशन करता है। इसमें एक चौबे परिवार की स्त्री की संवेदना जिस प्रकार जातिगत मानसिकता का अतिक्रमण करती है, वह अपने आपमें दलित समस्या के समाधान की संभावनाओं की ओर संकेत करता है। चौबे की पत्नी घर में अकेली है, उसका बच्चा गंभीर रूप से बीमार है। घर में ऐसा कोई नहीं, जो डॉक्टर को बुला सके। तभी चतुरी चमार परिवार का पेट भरने के लिए चौबे के घर से कुछ पाने की उम्मीद में वहाँ आ जाता है। चौबाइन उससे डॉक्टर को बुलाने के लिए कहती है। चतुरी अपने घर की समस्या को भूलकर भागा-भागा जाता है और डॉक्टर को बुला लाता है। समय पर चिकित्सा पाकर बच्चा ठीक हो जाता है। रात अधिक होने पर चतुरी अपने घर जाना चाहता है, चौबाइन आग्रह करती है कि वह घर में ही सो जाए। वह उसके लिए भी बिछौना बिछाती है। चतुरी चौबाइन की निश्छलता से अभिभूत होकर वहाँ लेटने से मना करता है और एक टाट माँगकर दरवाजे के बाहर छप्पर के नीचे लेट जाता है। चौबाइन बाद में घर लौटकर आए चौबे से इस

घटना के बारे में बताती है। चौबे इससे प्रभावित होकर कुछ समय बाद उसे अपने साथ शहर ले जाकर चाट की ठेली लगाने का परामर्श देता है। चतुरी अपनी जाति के कारण ऐसा करने से हिचकता है। किंतु चौबे आश्वस्त है कि शहर में कोई जाति नहीं पूछता। चतुरी चौबे के साथ चला तो जाता है, किंतु अपनी जाति नहीं छुपाता और अपनी ठेली पर लिखवा देता है, 'चतुरी चमार की चाट'। जब वह चाट की ठेली लगाकर ब्राह्मणों के मोहल्ले में जाता है तो वहाँ उसे इस चेतावनी के साथ भगा दिया जाता है कि वह भविष्य में उस मोहल्ले में दिखाई न दे। चतुरी आकर चौबे को पूरा वृत्तांत सुनाता है। चौबे भीतर से आहत होकर उसे परामर्श देते हैं कि वह अपने गाँव लौट जाए, क्योंकि अभी तथाकथित उच्च जातियों की मानसिकता में इतना बदलाव नहीं हुआ है कि 'चतुरी चमार' अपनी चाट बेच सके।

यह कहानी संभावनाओं और वास्तविकताओं के बीच टकराहट का मर्मस्पर्शी आख्यान है। चौबाइन के यहाँ लेटने का प्रसंग कहानीकार ने जिस प्रकार निरूपित किया है, वह हमें कहीं भीतर तक छू लेता है, "...चाची ई तीसरा बिछौना काहे के बाबत बिछाइन रहिन?" "चतुरी तुम भी तो हो। क्या लेटोगे नहीं? यह बिछौना तुम्हारा है। यहाँ तुम लेटोगे।" आत्मीय भाव से चौबाइन ने तपाक से जवाब दिया। चौबाइन के निष्कलुष जवाब से जैसे चतुरी को साँप सूँघ गया। क्षण भर हतप्रभ रहने के बाद झेंपते हुआ बोला, "चाची, ई तुम का कहि रहिन! हम नीच जात के मनई हिआँ कैसे लेटि सकत। हमका एक टाट लाइ देउ। हम दरवज्जे बाहिर लेटिबे छप्पर...के नीचे।"[31] यहाँ सवर्ण मानसिकता मानवीयता का संस्पर्श पाकर जैसे पारस बन जाती है किंतु चतुरी चाहकर भी अपनी जातिगत हीनता से बाहर नहीं निकल पाता किंतु चौबे परिवार उसे अपना लेता है। चौबे शहर में रहकर जब लोगों की लंबी-चौड़ी बातें सुनता है, तभी वह चतुरी को शहर जाने की सलाह देता है। सवर्ण लोगों की मानसिकता में कितना छल और दोहरापन है, इसको कहानीकार इन शब्दों में निरूपित करता है, "एक दिन चाट बेचते उन्होंने चाय की दुकान के आगे बैठे लोगों की बहस में सुना, "देखो, हिंदू लोगों में कितना बदलाव आ गया है! अयोध्या

के मंच पर श्री रामचंद्रजी के साथ-साथ अंबेडकरजी भी अवतरित हो गए। राम के साथ उनका भी चित्र लगाया गया। गौरतलब बात यह है कि राम के मुकाबले अंबेडकर का ज्यादा गुणगान किया गया।'' आगे एक और दिन चौबे ने अखबार पढ़ते उन्हीं लोगों के मुँह से सुना, ''देखो हिंदुओं में कितना सुधारवाद आ गया है! मकर संक्रांति के दिन हिंदू नेताओं ने दलितों को गले से लगाया। उनके साथ सहभोज का आयोजन किया गया। समाज में भेद-भाव कहाँ रह गया है?'' तीसरी बार चौबे ने जो कुछ सुना, उससे वे फूले नहीं समा रहे थे। बेंच पर वहाँ बैठे लोगों की बतकही में उन्होंने सुना, ''भइया अब कौन सी कसर बाकी रह गई है, अब और कौन सा सुधार चाहिए? बनारस में हिंदुओं ने एक डोम के घर की बनी पूड़ियाँ तक खा लीं। ऊँच-नीच सब खतम। अब तो सचमुच राम-राज्य आ गया है।''[32] जिस प्रकार सवर्ण लोग दलितों के प्रति उनकी मानसिकता के परिवर्तन का विज्ञापन करते हैं, उसमें अतीत के प्रसंगों का भी हवाला देते हैं और आधुनिक दिखावे का भी। बातों-ही-बातों में यह घोषित कर दिया जाता है कि यह समय दलितों के लिए रामराज्य का है। चौबे वास्तविकता को न समझकर जब चतुरी को शहर बुला लेते हैं, तब भी चतुरी अपने जातिगत यथार्थ को अपने से अलग नहीं कर पाता, ठिलिया को वह आगे ढकेलता जा रहा था, किंतु उसे लग रहा था कि वह पीछे की ओर ढकेल रहा हो। ''ग्राहक चौबे का ठोर हए-नए मनई का दिखी हैं। ता हमर बारे माँ जरूर पूछताछ करि हैं। फिर हम का कहिबै? आपन जाति कब लग छिपाए रहिबे? एक-न-एक दिन भंडाफोड़ जरूर हुइबे। तब हम का करिब? हम-सा ई झूठा काम न होई।'' चतुरी की जातीय हीनता ने उसे आगे बढ़ने से रोक दिया।''[33] चतुरी की यह निश्छलता और ईमानदारी भी उसे सवर्णों की सहानुभूति नहीं दे पाती और शहर में जाकर भी वह 'अछूत' बना रहता है। अंततः अस्पृश्यता का अंधकार कहानी के अंत पर पसर जाता है। चौबे को विवश होकर चतुरी से कहना पड़ता है, ''चतुरी, तुम वापस गाँव चले जाओ। वहीं जाकर मेहनत-मजदूरी करो। अभी तुम्हारी चाट बिकने का समय आने में देर है।''[34] ये दो पंक्तियाँ दलितों की वेदना, उनके भयावह यथार्थ और करुणापूर्ण विडंबना का

प्रामाणिक दस्तावेज हैं। श्री नायर की यह कहानी एक प्रकार से आज के सामाजिक परिप्रेक्ष्य में दलित-चेतना की त्रासद अभिव्यक्ति है।

हमने यहाँ कुछ प्रमुख दलित कहानियों पर दृष्टिपात किया। इस संबंध में यह कहना आवश्यक है कि इनमें सभी दलित कहानियों का प्रतिनिधित्व नहीं हो जाता। ऐसी और भी बहुत सी कहानियाँ हो सकती हैं, जो दलित-चेतना को और अधिक सार्थक रूप से अभिव्यक्त करने में समर्थ हों। इन कहानियों का चयन प्रतिदर्श प्रणाली का अनुसरण करते हुए केवल इसलिए किया गया है, ताकि हम दलित समुदाय और उससे जुड़े दलित कहानीकारों की सोच एवं वास्तविकता को समझ सकें। इन कहानियों में जहाँ एक ओर सवर्ण समुदाय के छल, दुरभि संधियों, दंभ, घृणा और वर्चस्व की राजनीति के विविध रंग दीख पड़ते हैं, वहाँ दूसरी ओर दलित समुदाय की विद्रोह-भावना, घृणा, अपनी पहचान रेखांकित करने की छटपटाहट, हिंदू धर्म से जुड़े अतीत के प्रति आक्रोश के विविध रूप भी हमारे सामने आते हैं। किंतु इन कहानियों का एक दूसरा पक्ष सकारात्मक होने के साथ-साथ अधिक मानवीय भी है। कुछ कहानियों के सवर्ण पात्रों की मानवीय संवेदना कुछ दलित पात्रों को उनके नजदीक लाती है, वहाँ दलितों का उदार, व्यापक और प्रगतिशील दृष्टिकोण हमें उनके भविष्य के प्रति आश्वस्त करता है।

यद्यपि दलित-साहित्यकारों ने दलित-चेतना को अभिव्यक्त करने के लिए कथा साहित्य को प्रमुख रूप से अपना माध्यम चुना, किंतु अन्य विधाओं में लिखे दलित-साहित्य ने भी पाठकों के बीच अपना महत्त्वपूर्ण स्थान बनाया है। कविता एक ऐसा ही माध्यम है। दरअसल, कहानी और उपन्यास में जहाँ दलितों का सामाजिक यथार्थ अधिक मांसल एवं प्रामाणिक रूप में अभिव्यक्त हुआ है, किंतु दलित कविताओं ने भी पाठक समाज को अपने ढंग से प्रभावित किया है। कुछ दलित-साहित्यकारों ने भक्तिकालीन कविता को दलित-साहित्य के अंतर्गत माना है, किंतु हमें यह ध्यान रखना होगा कि संपूर्ण भक्तिकालीन कविता ईश्वर की धुरी पर घूमती है। ज्ञान और भक्ति उस तक पहुँचने के दो साधन हैं। निश्चय ही कबीर, रैदास, दादू जैसे कवियों ने अस्पृश्यता के प्रश्न

को प्रमुखता दी है और सामाजिक समानता के लिए जाति-प्रथा जैसी कुरीति पर कठोर प्रहार भी किए। दरअसल, ये कवि समाज-सुधार के रास्ते से आम जनता को भक्ति के मार्ग पर ले जाना चाहते थे। अतः दलितों के प्रति गहरी सहानुभूति रखते हुए अथवा कभी-कभी स्वयं दलित होते हुए भी इन कवियों को दलित-साहित्य के अंतर्गत नहीं रखा जा सकता।

आधुनिक दलित कविता का गोमुख है 'सरस्वती' (सितंबर, 1914) में प्रकाशित पटना के हीरा डोम की कविता 'अछूत की शिकायत' को माना जा सकता है। उस दौर में दलित-साहित्य जैसी कोई प्रवृत्ति हिंदी में नहीं थी। साहित्य अपने परंपरागत ढर्रे से ही आगे बढ़ रहा था। हीरा डोम की यह कविता साहित्य की आभिजात्यपरक परंपरा की चूलें हिलानेवाले डाइनामाइट की तरह है। इस कविता में परंपरा से अपमान, अत्याचार, घृणा, शोषण भोग रहे दलित समुदाय की संपूर्ण वेदना, क्षुब्धता तथा विवशता को जैसे एक बिंदु पर संक्रमित कर दिया है। बाद में दलित-साहित्य की जो भी विशेषताएँ निर्धारित की गईं, वे कमोबेश एक-साथ इस कविता में मिलती हैं। यदि इस कविता को 'दलित वेदना का महाकाव्य' कहा जाए तो अत्युक्ति नहीं होगी। यद्यपि यह कविता विभिन्न पत्रिकाओं के संपादकों ने अनेक बार प्रकाशित की है, किंतु इस कविता के रेशे-रेशे में, जो दलितों के सौंदर्यशास्त्र की धमक है, उस पर अभी विस्तार से बात नहीं हो पाई है। एक दलित जिस प्रकार शोषण, उपेक्षा और अपमान की यातना झेलता है, उसको अभिव्यक्त करते हुए हीरा डोम कहते हैं—

'हमनी के रात-दिन दुःखवा भोगत बानी;
हमनी के सहेबे से मिनती सुनाइब।
हमनी के दुःख भगवनओं न देख ताजे;
हमनी के कबले कलेसवा उठाइब।
पदरी सहेब के कचहरी में जाइबिजां;
बेधरम होके रंगरेज बनि जाइब।
हाय राम! धरम न छोड़त बनत बाजे,
बे-धरम होके कैसे मुखबा दिखाइब।'[35]

इस छंद में जहाँ एक ओर हीरा डोम के रूप में दलित की वेदना का मर्मस्पर्शी चित्रण है, वहाँ भगवान् से शिकायत भी है कि वह भी उनके दु:खों पर ध्यान नहीं देता। इसके साथ ही हीरा डोम का एक द्वंद्व भी है। जिस द्वंद्व से संपूर्ण दलित समुदाय पहले भी गुजरा है और आज भी गुजर रहा है। यदि वह हिंदू-धर्म में बना रहता है तो आर्थिक, सामाजिक और सांस्कृतिक शोषण की शृंखलाओं में वह आजीवन बंदी रहने के लिए अभिशप्त है और यदि वह हिंदू-धर्म से बाहर आना चाहता है तो इसमें उसके सदियों के संस्कार आड़े आते हैं। जैसे हीरा डोम कहते हैं कि वे बेधरम होकर समाज को अपना मुख कैसे दिखाएँगे? तथाकथित उच्च जातियों के प्रति जिस प्रकार आज के समाज में आक्रोश है, हीरा डोम उसी आक्रोश को कबीर की तरह अभिव्यक्ति देते हैं—

“बमने के लेखे हम भिखिया न माँगव जां,
ठकुरे के लेखे नहिं लड़रि चलाइबि।
सहुआ के लेखे नहि डांड़ी हम मारब जां,
अहिरा के लेखे नहिं गइया चोराइबि।
भटऊ के लेखे न कबित्त हम जोरबा जां,
पगड़ी न बान्हि के कचहरी में जाइब।
अपने पसिनवा के पैसा कमाइब जां,
घर भर मिलि जुलि बांटि चोंटि खाइव।”[36]

इन पंक्तियों में उच्च जातियों की वे मूल नकारात्मक प्रवृत्तियाँ, जिनके लिए वे बदनाम हैं, हीरा डोम उनका पूरी बेबाकी के साथ निरूपण करते हैं। इन नकारात्मक प्रवृत्तियों के उद्घाटन के बीच वे दलित की एक ऐसी पहचान को रेखांकित करते हैं, जो खाए-अघाए उच्च जाति के लोगों में दूर-दूर तक नहीं मिलती। वह है पसीने की कमाई से घर में मिल-बाँटकर खाना और उसी में आनंदमग्न रहना। यह मेहनत और पसीने पर हीरा डोम का अदम्य विश्वास उन्हें मार्क्सवादी दर्शन की धुरी से भी जोड़ता है, किंतु यह मेहनत और पसीने की ताकत सचमुच समूची दुनिया के भौतिक विकास की धुरी है। निस्संदेह यह श्रम और पसीना हीरा डोम की तरह दलितों को तथाकथित उच्च जातियों

से बहुत ऊँचा उठा देता है।

वस्तुतः हीरा डोम की यह कविता दलित समुदाय के शोषण और वेदना की महागाथा है। इसे हम आधुनिक दलित-चेतना का प्रस्थानबिंदु भी कह सकते हैं। यहाँ यह भी उल्लेखनीय है कि 'सरस्वती' जिसमें बड़े-बड़े दिग्गज लेखकों की रचनाओं का प्रकाशित होना दुर्लभ था, उसी 'सरस्वती' में हीरा डोम की इस कविता का प्रकाशित होना इस बात का प्रमाण है कि द्विवेदी युगीन नवजागरण में दलित विमर्श भी कहीं-न-कहीं मौजूद था। इस कविता में दलित चेहरे के जो 'शेड्स' हैं, वे भावी दलित-साहित्य के भी प्रस्थानबिंदु हैं।

वर्तमान युग में बहुत से दलित-साहित्यकारों ने काव्य के माध्यम से दलित-चेतना को मर्मस्पर्शी अभिव्यक्ति दी है। इन कवियों ने दलित यथार्थ को उन घटनाओं के साथ उकेरा है, जो दलित-चेतना में शूल की भाँति चुभ रही हैं। देवेश कुमार चौधरी 'देव' की यह कविता हमारे जीवन में घटी लोमहर्षक घटनाओं के साथ दलित-चेतना के संवाद का जीवंत दस्तावेज है—

''कही कुम्हेर तो कहीं भोजपुर का बथानी टोला
कहीं पनवाड़ी तो कहीं बेलछी
बन गए हैं रक्त के भरे हुए डबरे
जहाँ लिखा था कोलार
वहाँ और जोड़ दो चकवाड़ा
कुछ नहीं होता है
अखबारों की सुर्खियाँ, राजनेताओं की चिल्लपों
संसद् और विधान सभाओं में हंगामे
महीने भर अफसरों के दौरे
मीडिया के पेट भरने को भोजन
कुछ घड़ियाली आँसू, थोड़े से आश्वासन
कुछ कागज के टुकड़े, कुछ मुआवजे की हरी चादर
ओढ़ाकर चले जाते हैं वे

और हम उस हरी चादर के नीचे
सिसक रही अनगिनत चीखों को
कर जाते हैं अनसुना।''[37]

इन पंक्तियों में उन घटनाओं की चर्चा हुई है, जिन्होंने दलित अत्याचार को रेखांकित किया है। इसके साथ–साथ राजनेताओं का छल–छद्म, मीडिया का शातिर व्यवहार और दलित वेदना इन पंक्तियों में पूरी संवेदनशीलता के साथ अभिव्यक्त हुई है। इसी क्रम में सुदेश तनवर परंपरा से हो रहे दलित शोषण को वाणी देते हुए अपनी विद्रोह–भावना को इन शब्दों में उकेरते हैं—

''तुम्हें अधिकार है
जानवरों से प्रेम करने का
आदमी से छूतछात बरतने का
उनके मुँह में हग–मूत देने का
गरम सलाखों से आँखें फोड़ देने का
लाठी और कोड़े से चमड़ी उधेड़ देने का
जंबूर से हाथ–पैरों के नाखून खींच लेने का
गँड़ासे–फरसी से हत्या कर लाशें खेतों में फेंक देने का
उन्हें झोंपड़ियों समेत जिंदा जला देने का।

तुम्हें अधिकार है
अबोध बच्चियों के साथ
उनकी माँओं समेत
सामूहिक बलात्कार करने का
देवदासी बना मंदिरों में
वेश्यावृत्ति के लिए मजबूर कर देने का
विरोध पर।''[38]

अतीत से अब तक चले आ रहे दलितों के शोषण के प्रति वह विद्रोह का संकल्प लेता है—

मैं विद्रोह करूँगा
उन सारे शब्दों के खिलाफ,
जिनसे गढ़े गए तुम्हारे धर्मशास्त्र, और
झूठ भरे इतिहास।
मैं विद्रोह करूँगा
चुप नहीं रहूँगा।[39]

निस्संदेह इस कविता में अतीत से अब तक हो रहे दलित शोषण और विद्रोह के संकल्प को सशक्त अभिव्यक्ति प्रदान की गई है, किंतु यहाँ जिस इकहरी एवं भदेस भाषा का प्रयोग किया गया है, वह हमारे पारंपरिक सौंदर्य-बोध को खंडित करती है। वास्तव में कविता केवल बयान नहीं होती, उसमें बिंबों का निर्वाह और प्रतीकों का विन्यास भी अपेक्षित है। यह सही है कि किसी भी साहित्यिक आंदोलन के प्रारंभिक दौर में हम सौंदर्यशास्त्र के प्रतिमानों का अनुसरण करने की अपेक्षा नहीं रखते, किंतु भाषा को शिष्टता की मर्यादा में रखकर अपनी बात कहने की आशा तो की ही जा सकती है। निश्चय ही सदियों से शोषण, अपमान और उपेक्षा की मार सहनेवाले दलित समुदाय की अभिव्यक्ति इसी विस्फोटक शैली में होनी थी। जैसे-जैसे यह उबाल शांत होगा, वैसे-वैसे दलित काव्य में भी गहराई और विस्तार का समावेश होगा। इस दृष्टि से दिनेश कुशवाह की कविता 'एकलव्य की तरफ से' अधिक महत्त्वपूर्ण है। इस कविता में एकलव्य की वेदना को कलात्मक रूप से उभारा गया है—

''गजब की राम-माया है
    ये कैसी धूप-छाया है
कि जिनके पास फंदे हैं
    उन्हीं के पास दाना है।
भला क्या भेष धारे हैं
    वे सारा देश तारे हैं
कि उनकी कोठियों, औ

थालियों में भरा सोना है।
ये कैसी अग्नि दीक्षा है
कठिन कितनी परीक्षा है
कि कोदो की पढ़ाई में
किसी नर का अँगूठा है।
यह गीता भी उन्हीं की है
गदा–गांडीव जिनके हैं
जो अपने थे वे गूँगे थे
यही तो रोना–रोना है।
मगर जब बात बोलेगी
तो कितने भेद खोलेगी
तुम्हारा बोलना भी
इस सदी में तंत्र–टोना है।''[40]

इस कविता में मात्रिक छंद का उपयोग करते हुए अनेक बिंबों के माध्यम से एकलव्य की क्षुब्धता और वेदना को उभारा गया है। कवि जानता है कि दलित समुदाय के पास ऊँची जातियों का प्रतिरोध करने के लिए कुछ भी नहीं है। ज्ञान, शस्त्र, बाहुबल सब ऊँची जातियों के पास हैं, किंतु दलितों के पास सच कहने की ताकत है। एकलव्य के माध्यम से कवि कहता है कि जब एकलव्य के शोषण का सत्य कहा जाएगा तो इसके दूरगामी परिणाम होंगे।

आधुनिक दलित कवियों में इंद्र बहादुर सिंह का स्थान अत्यंत महत्त्वपूर्ण है। उनकी कविताओं में अनेक स्तरों पर दलित–चेतना को अभिव्यक्ति मिली है, किंतु उनकी कविता न तो कभी अर्थ में इकहरी होती है और न केवल प्रचार बनकर रह जाती है। भारतीय प्रजातंत्र में दलितों की दुरवस्था को वे इन शब्दों में अभिव्यक्ति देते हैं—

''...थोड़े से अग्रज
शेष रहे अनुगत

रहे, उपेक्षित अविरल बहुमत
जीवन इनका रहा अशिष्ट
मिलता खाने को उच्छिष्ट
भारतीय प्रजातंत्र में रहे बेहाल
पशुओं से बदतर इनका हाल
जरा भी सिर ऊँचा करते
जिंदे चमड़े उधेड़ लेते
इनसे हजारों गुना जीवन सुखकर
कीट–पतंग, भृंगेतर।''[41]

इस कविता में महत्त्वपूर्ण बात यह है कि कम–से–कम शब्दों में दलितों की दुरवस्था का एक सघन चित्र हमारी आँखों के आगे आ जाता है। कवि ऊँची जातियों के शक्तिशाली तंत्र को चेतावनी देते हुए लिखता है—

''जहाने–पीर के मेरे शबाबे–जार्विदाँ
मत करो गुरूर
इन पुराने खँडहरों पर
अब वे गिर रहे हैं, कलश–कंगूरे
मिट रहा है, जाति–गोत्र का गौरव
उठ रहे हैं, जहाँ से ये सारे दस्तूर
मिट रही है कौम की बहबूदी
दो वर्ग के बीच
अब तो इज्जत हुनर की है
इल्म की है
जाति–धर्म दे नहीं सकता
अब रोटी–रोजी
नहीं स्वाभिमान
किसी के रहमो–करम पर
जीवन का लक्ष्य नहीं मिलता।''[42]

इस कविता में जहाँ एक ओर उच्च जातियों के तंत्र के ध्वस्त होने की भविष्यवाणी है, वहाँ अंतिम पंक्तियों तक आते-आते कवि दलित अस्मिता को अत्यंत उदात्त शब्दों में रेखांकित करता है

हमने पूर्व में कुछ दलित कविताओं का संदर्भ लेकर उनका विश्लेषण और समीक्षा की। इन कविताओं को यदि सूक्ष्मता से देखा जाए तो यह पूरी तरह से स्पष्ट है कि दलित काव्य अपने कथ्य में सार्थक, प्रभावशाली और विद्रोहमूलक होते हुए भी अभी कलात्मक दृष्टि से अपरिपक्व है। यद्यपि अनेक दलित कवियों ने अपनी कविताओं में घनत्व और विस्तार दोनों का संतुलन साधा है, किंतु इस दिशा में बहुत कुछ किया जाना अभी बाकी है। सामान्यत: रचनाशीलता की परंपरा के बाद ही उसके प्रतिमानों का निर्माण होता है। जैसे-जैसे दलित-चेतना बाह्य जगत् और अंतर्जगत् में संतुलन साध पाएगी तथा इस काव्य में भाव, विचार एवं कल्पना एक बिंदु पर संक्रमित होंगे, वैसे-वैसे दलित-साहित्य एक नया सौंदर्यशास्त्र दे पाएगा।

हिंदी में आत्मकथाओं की परंपरा यद्यपि समृद्ध नहीं है, किंतु इसमें कोई संदेह नहीं कि जो आत्मकथाएँ लिखी गईं, वे इस विधा के विकास में मील का पत्थर हैं। अंग्रेजी में 'My Autobiography' (जवाहरलाल नेहरू); गुजराती में 'सत्य के प्रयोग' (महात्मा गांधी) को विश्व स्तर पर ख्याति मिली। हिंदी में अठारहवीं शताब्दी में बनारसीदास जैन की आत्मकथा 'अर्द्धकथानक' लिखी गई। बाद में हरिवंशराय बच्चन, रामविलास शर्मा, नगेंद्र, रामदरश मिश्र आदि लेखकों ने उत्कृष्ट आत्मकथाओं का प्रणयन किया।

आत्मकथा लिखना स्वयं में एक कठिन कार्य है। आत्मकथा में अपने जीवन को लेकर पूरी तरह ईमानदारी बरतनी होती है। यही नहीं, उसमें जीवन और परिवेश के सकारात्मक और नकारात्मक पक्षों का पूरी प्रामाणिकता के साथ चित्रण होता है। आत्मकथा लेखकों के सामने सबसे बड़ी समस्या यह होती है कि वे अपने प्रति प्राय: ईमानदारी नहीं बरत पाते। आत्मप्रशंसा अथवा रुचिकर जीवन-प्रसंगों से अतिवादी लगाव आत्मकथा की एक सहज दुर्बलता

है। यही कारण है कि हिंदी की अधिकांश आत्मकथाएँ इतनी नीरस हैं कि उनको पूरी तरह पढ़ पाना आसान नहीं। यदि हिंदी आत्मकथा की परंपरा का अवलोकन किया जाए तो बच्चनजी की आत्मकथा का पहला खंड आत्मकथा के सभी प्रतिमानों पर खरा उतरता है। हिंदी में दलित-चेतना के उभार के साथ-साथ दलित आत्मकथा की परंपरा का विकास हुआ। दलित समुदाय ने जो कुछ भोगा या सहा, उसकी सीधी-सीधी अभिव्यक्ति आत्मकथा के माध्यम से ही हो सकती थी। हाल के वर्षों में दो दलित आत्मकथाएँ प्रमुख रूप से चर्चित रही हैं, एक ओमप्रकाश वाल्मीकि की 'जूठन' और दूसरी मोहनदास नैमिषराय की 'अपने-अपने पिंजरे'। इन दोनों दलित आत्मकथाओं में अंतवर्ती समानता यह है कि दोनों ही दलित कथाएँ इस उद्‌देश्य से नहीं लिखी गईं कि उनमें उनके जीवन का सांगोपांग निरूपण हो। उनका उद्‌देश्य यह भी नहीं है कि वे आत्मकथा के सभी प्रतिमानों पर खरी उतर सकें। इन आत्मकथाओं का एक पूर्व निर्धारित उद्‌देश्य है, उनके साथ तथाकथित ऊँची जातियों ने जो अन्यायपूर्ण व्यवहार किया अथवा परंपरा से दलितों के साथ जो होता आया है, उसका प्रामाणिक (कभी-कभी अतिवादी) चित्रण। ओमप्रकाश वाल्मीकि की आत्मकथा 'जूठन' का आरंभ उस प्रसंग से होता है, जहाँ वे अछूत बालक के रूप में सवर्ण गुरु की ओछी मानसिकता का शिकार होकर अपमान और उपेक्षा झेलने के साथ-साथ शारीरिक यंत्रणा भी झेलता है। इससे अध्यापक द्वारा दो दिन झाड़ू लगवाई जाती है और जब वह चुपके से कक्षा में कुछ सीखने के लिए बैठ जाता है, तब के प्रसंग को लेखक इन शब्दों में निरूपित करता है, "अबे चूहड़े के कहाँ घुस गया···अपनी माँ का।" उनकी दहाड़ सुनकर मैं थर-थर काँपने लगा था। एक त्यागी लड़के ने चिल्लाकर कहा, "मास्साब वो बैट्ठा है कोणे में।" हेडमास्टर ने मेरी गरदन दबोच ली थी। उनकी उँगलियों का दबाव मेरी गरदन पर बढ़ रहा था। जैसे कोई भेड़िया बकरी के बच्चे को उठा लेता है। कक्षा से बाहर खींचकर उसने मुझे बरामदे में ला पटका। चीखकर बोला, "लगा पूरे मैदान में झाड़ू···नहीं लगाई तो आँख में मिर्ची डाल के बाहर काढ़ (निकाल) दूँगा।"[43]

एक कक्षा में अध्यापक जब अश्वत्थामा के प्रसंग पर कुछ बताते हैं, जिसमें यह प्रसंग आता है कि अश्वत्थामा को दूध की जगह आटे का घोल पिलाया जाता था और उस पर महाकाव्य लिखा गया। बालक ओमप्रकाश पूछता है कि हम भी तो चावल का माँड़ पीते हैं, हम पर किसी ने महाकाव्य क्यों नहीं लिखा? मास्टर साब आपे से बाहर हो जाते हैं और उसे द्रोणाचार्य से अपनी बराबरी करने पर छड़ियों से पीटते हैं। ऐसा लगता है जैसे दलित बालक ओमप्रकाश की पीठ पर सवर्ण व्यवस्था छड़ी के आघातों से महाकाव्य लिख रही हो। इस पर केवल भारती ने टिप्पणी करते हुए लिखा है, ''यह आत्मकथा वास्तव में पीठ पर अंकित महाकाव्य ही है, जो मास्टर ने नहीं, व्यवस्था ने अंकित किया है। यह व्यवस्था सवर्ण के लिए स्वर्ग और दलितों के लिए नरक का निर्माण करती है।''[44] इस आत्मकथा का मूल्यांकन करते हुए ज्ञान प्रकाश विवेंक लिखते हैं, ''आत्मकथा में अशिक्षा का घटाटोप, अंधविश्वासों के कुहासे, कमतरी के अहसास की मानसिक यंत्रणाएँ हैं। दरिद्रता एक रोग की तरह पसरी है।''[45] कुल मिलाकर कहना होगा कि 'जूठन' दलित वर्ग की एक ऐसी यातना-गाथा है, जो हमें अनायास ही आत्मालोचन के लिए विवश कर देती है।

नैमिषराय की आत्मकथा 'अपने-अपने पिंजरे' में मेरठ के चमार गेट में जनमे, पले-बड़े बालक मोहनदास की यातना-कथा है। इस आत्मकथा में इस जाति के परिवेश का बहुत ही प्रामाणिक विवरण दिया गया है, ''हमारे मुसलमान पड़ोसी भी अधिकांश मजदूरी पेशा करते थे। उनमें कोई सैयद, शेख, पठान न था। अधिकांश जुलाहे, कसाई, कत्याल, अंसारी ही थे, पर उनके तेवर पठानों से कम न थे। बोलने का लहजा उसी मानसिकता से प्रभावित था। वे बात-बात पर हमें चमट्टे कहते थे और महिलाओं को चमट्टी। हम उनकी नजरों में घटिया लोग थे। हमारी जात की औरतों को तो बार-बार जलील होना पड़ता था। कभी-कभी वे ऐसा भी सोचते थे कि हम उनके रहमो-करम पर जिंदा हैं।''[46] इन पंक्तियों से स्पष्ट है कि न केवल ऊँची सवर्ण जातियों, बल्कि मुसलमान जाति के लोगों, जो छोटे-मोटे धंधे

करते थे, वे भी चमार जाति के इस परिवार को अपमानित करते थे और घृणा से पेश आते थे। जो यह दावा करते हैं कि इसलाम में जाति-प्रथा को नहीं माना जाता, सभी लोग समान हैं और सबके साथ वे बराबरी का व्यवहार करते हैं, इस पर ये पंक्तियाँ एक विद्रूपमय व्यंग्य हैं। इनके परिवार में चमड़े का काम होता था। उसके वातावरण का निरूपण करते हुए लेखक कहता है, "जिस घर में चप्पलों का काम होता था, उसे हम दुकान कहकर पुकारते थे। वहाँ ढेर सारा सूखा चमड़ा पड़ा होता था। चमड़ा भी अलग-अलग तरह का। बनवट, कटाई, कॉक (गाय का चमड़ा) पुट्ठा। कुछ कटे हुए टुकड़े तो कुछ साबुत। बनी हुई चप्पलें और बच्चों के सैंडिल भी होते थे। 'बा' उन दिनों बच्चों के सैंडिल बनाता था। एक-दो कारीगर भी वहाँ बैठे रहते थे। दुकान में कसैली गंध फैली होती थी। 'बा' हुक्का भी पीता था।"[47] एक बार जब बहन की विदा कराने के लिए वे अपने भाई के साथ गए तो रास्ते में उन्हें प्यास लगी। भाई ने पड़ोस के गाँव के एक घर से पानी माँगा। जाति का पता चलने पर उन्हें जानवरों की तरह भगा दिया। तब उन्होंने विवश होकर एक गंदे जोहड़ में पानी पीकर अपनी प्यास बुझाई। यहाँ हमें अनायास ही प्रेमचंद की कहानी 'ठाकुर का कुआँ' का स्मरण हो आता है। जिस प्रकार जोखू अपनी पत्नी के लाख कोशिश करने पर ठाकुर के कुएँ से अपनी प्यास नहीं बुझा पाता और बदबूदार पानी पीकर काम चलाता है, उसी प्रकार यहाँ भी लेखक इसी यातनामय स्थिति से गुजरता है।

'अपने-अपने पिंजरे' की भाषा औपन्यासिक है। लेखक ने मेरठ के चमार समुदाय के प्रदूषित वातावरण और इस वर्ग के लोगों की यातना का लोमहर्षक चित्रण किया है। कहीं-कहीं कुछ अप्रासंगिक घटनाएँ भी मौजूद हैं, जो यदि न भी लिखी जातीं तो भी आत्मकथा की गुणवत्ता में कोई अंतर नहीं पड़ता। उदाहरण के लिए नपुंसक भाई और भाभी का प्रसंग, वेश्याओं का प्रसंग आदि। कहीं-कहीं स्त्रियों के लिए अश्लील और भदेस भाषा का प्रयोग भी अखरता है। समग्रतः कहना होगा कि 'अपने-अपने पिंजरे' में लेखक ने दलितों के यथार्थ को प्रामाणिक अभिव्यक्ति तो दी है, किंतु उसने जाने-

अनजाने साहित्यिक और सामाजिक मर्यादाओं का उल्लंघन भी किया है।

कुछ अन्य आत्मकथाओं का उल्लेख भी अप्रासंगिक न होगा। उदाहरण के लिए सूरजपाल चौहान की आत्मकथा 'तिरस्कृत'। इस आत्मकथा में दलित विद्यार्थी अपने सवर्ण अध्यापकों से वही प्रताड़ना झेलता है, जिसका वर्णन ओमप्रकाश वाल्मीकि ने अपनी आत्मकथा में किया है, वह अत्यंत मर्मस्पर्शी है। बाद में यह बालक अपनी माँ से बिछड़ जाता है, उसके बाद जो यातनाएँ उसे झेलनी पड़ती हैं, उनका निरूपण पूरी संवेदनशीलता के साथ किया गया है। इस आत्मकथा में भी भाव, विचार और कल्पना का संतुलन पूरी तरह से टूटा हुआ है। प्रमुख रूप से आक्रोश की मुद्राएँ उभरकर सामने आती हैं।

अरुणाचल प्रदेश के राज्यपाल रह चुके श्री माताप्रसादजी की आत्मकथा अभी हाल ही में प्रकाशित हुई है। लेखक अपने जीवन–प्रसंगों से यह सिद्ध करना चाहता है कि उसे राजभवन विरासत में नहीं मिला। उन्होंने स्वयं अपने संघर्षों के बल पर इसे पाया है। यदि इस आत्मकथा में राजनीतिक प्रसंग हावी न होते तो यह एक श्रेष्ठ आत्मकथा बन सकती थी।

संक्षेप में कहें तो ये दलित आत्मकथाएँ, दलित समुदाय की वेदना का सर्जनात्मक दस्तावेज हैं। यह बात अलग है कि अभी ये दलित आत्मकथाएँ अपनी विद्रोही चेतना और प्रचार पाने की ललक में साहित्यिक प्रतिमानों को या तो अनदेखा कर देती हैं या जान–बूझकर उनका अतिक्रमण करती हैं। इस संबंध में सूरजपाल की आत्मकथा पर टिप्पणी करते हुए मोहनदास नैमिषराय ने जो कहा है, हम उसका उल्लेख करते हुए इस प्रसंग को विराम देते हैं, क्योंकि उनका यह प्रसंग सभी दलित–कथाओं पर प्रायः समान रूप से लागू होता है, "हम नहीं कहते कि उन्हें आत्मकथा लिखने के लिए बुढ़ापे का न सही, रचनाधर्मिता की परिपक्वता की प्रतीक्षा तो करनी चाहिए थी। केवल आक्रोशमय होने से तो आत्मकथाएँ नहीं लिखी जातीं! गंभीर लेखन के लिए समूचे समाज हेतु ठहराव चाहिए। सूरजपाल ने आत्मकथा में व्यर्थ के उदाहरण दे–देकर तारतम्य को खत्म भी किया है। जैसा मैंने पहले लिखा कि उन्होंने

कलम को हथौड़ा बना लिया। जहाँ भी कुछ विषमतापूर्ण देखा, वहीं हथौड़ा चला दिया। सड़क पर अगर किसी व्यक्ति में वह सब देखा तो चलते-चलते हथौड़े का इस्तेमाल कर दिया। उन्होंने हथौड़ा मारने से पूर्व पल भर सोचा तक नहीं। असल में उनके भीतर की कुंठाओं, दर्द, पीड़ा ने उन्हें इतना बेचैन कर दिया कि गंभीरतापूर्वक लिखने का अवसर ही खो दिया।''[48]

दलित-साहित्य की नई चुनौतियाँ

साहित्य की किसी भी नई धारा को सहज में मान्यता नहीं मिलती। उसे समय की कसौटी पर परखकर देखा जाता है और यदि वह प्रासंगिकता के नए-नए संदर्भ उद्घाटित करने में समर्थ होती है, तभी वह साहित्यकारों, समीक्षकों और पाठकों द्वारा स्वीकारी जाती है। दलित-साहित्य के साथ दोहरी कठिनाई है। एक ओर तो वह पूरे दलितेतर समाज की उपेक्षा और घृणा का शिकार है, ठीक उसी तरह वह स्वयं भी अपने प्रतिमान और दिशा निश्चित नहीं कर पाई है। जिस प्रकार दलित-चेतना एक ओर उच्च जातीय शोषण और अपमान का शिकार बनी, उसी प्रकार वह स्वयं में अनेक अंतर्विरोधों की कीमत चुका रही है। दलित-साहित्य भी दोहरी चुनौतियों का सामना कर रहा है। एक ओर दलितेतर समाज की, दूसरी ओर दलित-साहित्य से उठे प्रश्नों की और तीसरे इन दोनों चुनौतियों का सामना कर अपनी पहचान बना सकने की। जैसाकि हम जानते हैं, ''दलित-चेतना और दलित आंदोलन के विकास के साथ-साथ दलित-साहित्य भी विकसित हुआ, जिसने जनवाद-प्रगतिवाद के सांस्कृतिक मुद्दों को अपने अनुभव और यथार्थ की खराद पर घिसकर, अपने अनुरूप तराशकर, विद्या को प्रखरतम किया। जहाँ-कहीं उनका विरोध हुआ, वहाँ डटकर प्रतिवाद भी किया और अपनी प्राथमिकताओं को उभारा, कहीं समझौता नहीं किया। उनका दलित-साहित्य सृजन डॉ. अंबेडकर की विचारधारा के आधार पर जारी रहा।''[49]

मराठी दलित-साहित्य वह परिप्रेक्ष्य है, जिसके बिना दलित-साहित्य को सम्यक् रूप में समझना संभव नहीं है। इसमें कोई संदेह नहीं कि दलित-

चेतना का जितना महत्त्वपूर्ण उभार महाराष्ट्र में देखा जा सकता है, उतना हिंदी प्रदेश की दलित–चेतना में नहीं। दरअसल, महाराष्ट्र में दलितों का शोषण अन्य प्रदेशों की तुलना में अधिक यातनामय था और यह उल्लेख महत्त्वपूर्ण है कि इस यातना के प्रतिरोध के लिए महाराष्ट्र के दलित नेताओं ने जो आंदोलन चलाए, उन्होंने पूरे देश की दलित–चेतना को प्रभावित किया। यही कारण है कि महाराष्ट्र का दलित–साहित्य भले ही एक हद तक अनगढ़ और ग्रामीण रहा हो, परंतु उसमें खालिस ईमानदारी थी। इसलिए वह हिंदी दलित–साहित्य का प्रेरणास्रोत बना। "मराठी में दलित–चेतना आंदोलन जब संघर्ष, शिक्षा, संगठन और साहित्य के बल पर आत्मसम्मान, स्वाभिमान एवं समाज में आमूल–चूल परिवर्तन की तरह बढ़ रहा था तथा राजनीतिक भागीदारी के लिए संघर्षरत था तो हिंदी पट्टी में सामाजिक स्तर पर सुधारवादी धारा चल रही थी। साहित्यिक स्तर पर इनकी दबी–दबी, इक्का–दुक्का आवाजें उठती तो थीं, पर नक्कारखाने में तूती की आवाज सी गुम हो जाती थीं। कभी अकेला पड़ जाने के कारण तो कभी सवर्णों की धमकियों के डर से इनकी आवाज कमजोर पड़ जाती थी। राजनीतिक स्तर पर हिंदी पट्टी में अंबेडकर की काट के लिए नेतृत्व खड़ा करने की हड़बड़ाहट में पैरवीकार, सवर्णों का गुलाम और दलाल किस्म का नेतृत्व आगे लाया जा रहा था। क्रांतिकारिता का तो सवाल ही नहीं था। यदि कोई क्रांतिकारी रुझान के हुए भी, वे अकेले पड़ गए। उनके अपने दलित समाज ने भी उनका साथ नहीं दिया। खुद दलित समाज घोर मनुवादी और सामंती सोच में आकंठ डूबा था।"[50] उत्तर प्रदेश में हिंदी नवजागरण के दौर में स्वामी अछूतानंद ने आदि हिंदू आंदोलन का सूत्रपात किया। इसका परिणाम यह हुआ कि हिंदी में न केवल जाति के विरुद्ध प्रचार आरंभ हुआ, बल्कि इस तरह का साहित्य भी लिखा जाने लगा। 19वीं सदी के अंत में स्वामी शंकरानंद ने इसी विद्रोह को केंद्र में रखते हुए स्वयं मनु से पूछ लिया—

"मनुजी तैने वर्ण बनाए चार
जा दिन तूने वर्ण बनाए, न्यारे रंग बनाए क्यों न?

गोरे ब्राह्मण, लाल क्षत्री, बनिए पीत बनाए क्यों न?
कैसे हो पहचान पोप की, दो अक्षर डलवाए क्यों न?
पाँच तत्त्व तो सब में दीखें, ज्यादा तत्त्व लगाए क्यों न?
वह सर्वज्ञ सर्व में व्यापक, उससे जुदा बनाए क्यों न?
पाँच तत्त्व गुण तीन बराबर, बढ़कर तत्त्व लगाए क्यों न?
एक चूक बड़ भारी पड़ गई, न्यारा मुल्क बसाए क्यों न?
लोहे के बरतन पर पानी, कंचन को दिया डार।
मनुजी तैने वर्ण बनाए चार।''[51]

इस पद में संतों की शैली का अनुसरण करते हुए शंकरानंद ने मनु से बहुत पैने, बेधक और खरे-खरे प्रश्न किए हैं। अंत तक आते-आते जब वे मनु से प्रश्न करते हैं कि तुमने अपना देश अलग क्यों नहीं बसाया? यह प्रश्न एक प्रकार से संपूर्ण दलित-चेतना का प्रश्न है, जो मनुवादी-व्यवस्था को नंगा कर देता है।

यदि हम हिंदी के दलित-साहित्य की मराठी दलित-साहित्य से तुलना करें तो पाएँगे, ''महाराष्ट्र में दलित नेता और साहित्यकार अपने बल पर एवं अपने संगठन के आधार पर डॉ. अंबेडकर के नेतृत्व में उनके विचारों से लैस हों, सामाजिक के साथ-साथ राजनीतिक प्रतिबद्धता और पुष्ट दृष्टिकोण के साथ उभरें। इसी कारण वहाँ दलित-साहित्य एक क्रांतिकारी और स्पष्ट समझ के साथ विकसित हुआ तथा आज वह महाराष्ट्र में मुख्यधारा का साहित्य बन गया है, जबकि हिंदी-पट्टी में अभी उसे भारतेंदु काल की शैशवावस्था के दायरे में ही माना जाता है। इस धारणा से भी अभी बहुत ही सीमित सवर्ण आलोचक सहमत हैं। अधिकांश तो इन्हें साहित्यकार ही नहीं मानते। हिंदी में भी दलित लेखक, कवि, कहानीकार, उपन्यासकार, आलोचक, विचारक भारी संख्या में अपनी उपस्थिति दर्ज करा चुके हैं और करवा रहे हैं, पर सवर्ण पूर्वग्रह अभी भी बरकरार है।[52] हिंदी-पट्टी में दलित-साहित्य का जो विकास हुआ, वह अभी भी मुख्यधारा का साहित्य नहीं बन पाया है। अनेक समीक्षकों की दृष्टि में वह अभी अविकसित और अपरिपक्व है। यह

सही है कि हिंदी में दलित लेखन अब पर्याप्त रूप से होने लगा है। दलितेतर साहित्यकारों द्वारा समय-समय पर उसका नोटिस भी लिया जा रहा है, किंतु वर्तमान में दलित-साहित्य के सम्मुख अनेक गंभीर चुनौतियाँ मुँहबाए खड़ी हैं। इन चुनौतियों से न तो कन्नी काटकर निकला जा सकता है और न इन चुनौतियों से निपटने का कोई 'शॉर्टकट' समाधान है। वस्तुतः दलित-साहित्य को पूरे आत्मविश्वास, निडरता एवं परिश्रमपूर्वक इन चुनौतियों का सामना करना पड़ेगा। यहाँ हम इन्हीं चुनौतियों पर विचार करना चाहते हैं—

(i) नए सौंदर्यशास्त्र का प्रश्न

हमने दलित-साहित्य की विवेचना द्वारा स्पष्ट किया कि गुणवत्ता की दृष्टि से अभी दलित-साहित्य को साहित्य के विकास की स्थापित परंपराओं के समानांतर अपने साहित्य को खड़ा करना है और इसमें सबसे बड़ी समस्या यह आती है कि दलित-साहित्य यद्यपि परिमाण की दृष्टि से पर्याप्त मात्रा में लिखा जा रहा है, किंतु अभी उसका कोई अपना सौंदर्यशास्त्र नहीं है। इस विषय में दलित-साहित्य चिंतकों के दो दृष्टिकोण उभरकर सामने आते हैं। एक तो यह कि दलित-साहित्य का सौंदर्यशास्त्र तो विकसित हो गया है, किंतु हम अभी उसे पारंपरिक सौंदर्यशास्त्र के परिप्रेक्ष्य में देखने के अभ्यस्त नहीं हैं। दूसरा वर्ग यह मानता है कि दलित-साहित्य किसी सौंदर्यशास्त्र या साहित्यिक प्रतिमानों का मोहताज नहीं है। समय व्यतीत होने के साथ-साथ दलित-साहित्य के भीतर से ही उसका सौंदर्यशास्त्र उभरकर सामने आएगा।

इसमें कोई संदेह नहीं कि रचना और उसके सौंदर्यशास्त्र, सृजन तथा उसके प्रतिमान, इनमें एक अपरिहार्य संबंध है। बिना सौंदर्यशास्त्र या प्रतिमानों के साहित्य में जो भी लिखा जाएगा, वह अराजकतापूर्ण और बिखरा तो होगा ही, वह साहित्य की परंपरा में अपना स्थान कहीं नहीं बना पाएगा। दलित-साहित्यकारों और दलित चिंतकों ने पारंपरिक सौंदर्यशास्त्र एवं साहित्यिक प्रतिमानों को सिरे से खारिज किया है और अपने दृष्टिकोण के अनुसार दलित-साहित्य के सौंदर्यशास्त्र को आकार देने की कोशिश की है। इस क्रम

में पारंपरिक सौंदर्यशास्त्र उन्हें किसी भी मूल्य पर ग्राह्य नहीं, ठीक वैसे ही जैसे दलित समुदाय को पारंपरिक धर्म, दर्शन और समाज-व्यवस्था स्वीकार्य नहीं है।

भारतीय काव्यशास्त्र की धुरी है—रस-सिद्धांत। रस-सिद्धांत अपनी अंत:प्रकृति में आनंदमूलक है। यहाँ तक कि शोषित और असहाय व्यक्तियों पर हुए अत्याचारों से उत्पन्न करुणा भाव को भी रसानुभूति के आनंद पक्ष में सम्मिलित कर लिया गया है। पश्चिम के नाटकों में भले ही त्रासदी को महत्त्व दिया गया हो, किंतु भारतीय नाट्य परंपरा में सुखांत नाटकों को ही सफल माना गया है। यहाँ भी नाटक, जो जीवन की अनुकृति है, उसे आनंदमूलक मानकर सामंतीय सोच से जोड़ दिया गया है। इसीलिए दलित-साहित्य चिंतक पहला प्रहार पारंपरिक सौंदर्यशास्त्र परंपरा के आनंद पक्ष पर करते हैं, ''यदि दलितेतर साहित्य का सौंदर्यशास्त्र आनंद पर आधारित है तो दलित-साहित्य में व्यक्त हुई वेदना और विद्रोह पढ़कर पाठक बेचैन या कुपित होगा, न कि आनंदित। दलित-साहित्य पाठक को बेचैन या कुपित करनेवाला साहित्य है। इसलिए सौंदर्य-विचार करते समय पारंपरिक साहित्य की रसिक-वृत्ति और दलित-साहित्य की दलित-चेतना का आपसी ताल-मेल नहीं बैठ सकता।''[53] यहाँ पारंपरिक दलितेतर साहित्य के सौंदर्यशास्त्र के विपरीत ध्रुव पर वेदना और विद्रोह को खड़ा किया गया है तथा यह माना गया है कि दलित साहित्य में दलितों के शोषण की जो वेदना और चीत्कार है, वह किसी पत्थर हृदय को ही आनंदित करेगा। यह साहित्य पाठक को आंदोलित करता है, क्षुब्ध करता है, इसलिए आनंद दलितेतर वर्ग के सामंतीय समाज की रसिक-वृत्ति को उभारता है। यहाँ दलित-साहित्य को इस प्रवृत्ति के विरोध में खड़ा किया गया है। डॉ. इंद्र बहादुर सिंह ने दलित सौंदर्यशास्त्र को पारंपरिक सौंदर्यशास्त्र से विच्छिन्न करके नहीं देखा, बल्कि इसे सौंदर्यशास्त्र के क्रमिक विकास के रूप में रेखांकित किया है। उनके अभिमतानुसार, ''साहित्य के आरंभिक चरण में साहित्यकारों ने जहाँ सौंदर्य-दर्शन किया था, वहाँ आध्यात्मिकता का भी समावेश था, किंतु कालांतर में, जबकि मार्क्सवादी

विचारधारा से प्रभावित प्रगतिशील साहित्य प्रकाश में आया, तब लोगों की चिंतनधारा में परिवर्तन आ गया। यहाँ स्थूल ऐंद्रिक सौंदर्य के स्थान पर बौद्धिक और वैचारिक सौंदर्य को स्थान मिला। आत्मिक सौंदर्य की वह स्थिति स्वीकार की गई, जो मानवीयता और सौहार्द से परिपूर्ण हो। दलित-साहित्य का सौंदर्य इसकी अगली कड़ी है, जहाँ सामाजिक स्तर पर स्वतंत्रता, समानता, बंधुत्व और न्याय को महत्त्व दिया गया है।''[54]··· लेखक ने सौंदर्यशास्त्र की परंपरा का पहला चरण वहाँ से माना है, जहाँ सौंदर्य और अध्यात्म एक-दूसरे के पूरक थे। मार्क्सवादी विचारधारा से प्रेरित और प्रभावित होने के बाद सौंदर्यशास्त्र की मूलभूत धारणाओं में मौलिक परिवर्तन हुआ। स्थूल, दैहिक या वायवी सौंदर्य के स्थान पर विचारधारा का सौंदर्य प्रमुख हो गया। लेखक ने दलित-साहित्य के सौंदर्य को मार्क्सवादी सौंदर्यशास्त्र के क्रम से जोड़कर देखा है। निश्चय ही यह एक उदार दृष्टि है। किसी भी परंपरा से विच्छिन्न होकर कोई परंपरा स्थापित नहीं होती, बल्कि वह अपनी पूर्व-परंपरा से प्राण-रस ग्रहण करते हुए अस्तित्व में आती है। यह नियम हमारे संपूर्ण भौतिक जीवन और सांस्कृतिक जीवन के सत्य का उद्घाटन करता है।

दलित-साहित्य चिंतक इस बात के लिए प्रतिबद्ध हैं कि दलित-साहित्य परंपरागत साहित्य से अलग खड़ा दिखाई दे। उनकी दृष्टि में, ''दलित-साहित्य कलावादी या रंजनवादी साहित्य नहीं है। इसलिए कलावादी सौंदर्यशास्त्री के आधार पर दलित-साहित्य का सौंदर्यशास्त्र निर्मित करना होगा। दलित-साहित्य में क्या सुंदर है, क्या असुंदर, यह भी तय करना होगा।···दलित-साहित्य का सौंदर्यशास्त्र निर्धारित करते समय सबसे पहले सौंदर्य की व्याख्या दलित-दृष्टि से करनी होगी।···दलित-साहित्य अध्यात्मवाद और गूढ़ रहस्यवाद को अस्वीकार करता है।''[55] इसमें कोई संदेह नहीं कि दलित-साहित्य परंपरागत साहित्य की तरह हमें आनंद के सागर में निमग्न नहीं करता। उसमें कला की बारीक पच्चीकारी भी नहीं होती यह मानने में भी हमें कोई आपत्ति नहीं कि इस दृष्टि से दलित-साहित्य के सौंदर्यशास्त्र

को परिभाषित नहीं किया जा सकता। निश्चय ही दलित–साहित्य के सौंदर्यशास्त्र को उसकी पहचान मिलनी चाहिए और यह भी आवश्यक है कि दलित–साहित्य के परिप्रेक्ष्य में सुंदर एवं असुंदर को नए सिरे से अर्थापित किया जाए। किंतु इस अर्थापन के लिए यदि केवल दलित–दृष्टि को ही प्रतिमान माना जाएगा तो इस रूप में गढ़ा गया दलित सौंदर्यशास्त्र न केवल संकीर्ण होगा, बल्कि वह व्यापक पाठक समुदाय को भी स्वयं से जोड़ नहीं पाएगा। इस दृष्टि से बाबा साहेब भीमराव अंबेडकर के विचारों को दृष्टि में रखना होगा। बाबा साहेब ने 1 मई, 1954 को 'विदर्भ साहित्य संघ', नागपुर में साहित्यकारों को संबोधित करते हुए कहा था, "मैं साहित्यकारों से अनुरोध करता हूँ कि आप उदात्त जीवन–मूल्यों और सांस्कृतिक मूल्यों का अपनी रचनाओं में सृजन कीजिए, अपनी दृष्टि का विस्तार कीजिए, उसे संकुचित व मर्यादित मत कीजिए, उसे विशाल बनाइए। अपनी वाणी चारदीवारी तक ही सीमित मत रखिए। उसका विस्तार होने दीजिए। अपनी कलम को अपने सवालों तक ही सीमित मत कीजिए। उसके तेज को देहातों का अँधेरा दूर करने के लिए फैलाइए। अपने इस देश में उपेक्षितों का, दलितों का बहुत बड़ा विश्व है, इसे मत भूलिए। उनका दुःख, उनकी व्यथा ठीक तरह से समझकर, अपने साहित्य के द्वारा उनके जीवन को उन्नत करने का प्रयास कीजिए, उसी में सच्ची मानवता है।"[56] बाबा साहेब ने साहित्यकारों को संबोधित करते समय साहित्य के प्रति एक व्यापक दृष्टिकोण अपने सामने रखा है। हाल के वर्षों में जिस प्रकार दलित–साहित्य और दलित सौंदर्यशास्त्र को लेकर अलग चूल्हा बनाने की जो वकालत हो रही है, ऐसे दलित–साहित्य मनीषी यदि बाबा साहेब के इस वक्तव्य को ध्यान में रखते तो निश्चय ही दलित–साहित्य का सर्वस्वीकार्य सौंदर्यशास्त्र सामने आ सकता था, किंतु दुर्भाग्य यह है कि अपने आत्मप्रदर्शन और अति उत्साह के चलते उन्होंने अतिवादी दृष्टिकोण से दलित–साहित्य और उसके सौंदर्यशास्त्र को अर्थापित किया। बाबा साहेब आरंभ में ही सृजन के लिए उदात्त जीवन–मूल्यों और सांस्कृतिक मूल्यों को आवश्यक मानते हैं; क्योंकि जब तक कोई

साहित्य जीवन-मूल्यों और सांस्कृतिक मूल्यों की दृष्टि से उदात्त नहीं होता, तब तक सार्थक साहित्य का सृजन संभव नहीं है। वे दृष्टि के विस्तार को महत्त्व देते हुए साहित्यकारों से कहते हैं कि उन्हें संकीर्ण दृष्टि से एक छोटे से दायरे में कैद होकर साहित्य नहीं लिखना है। अच्छे साहित्य के लिए हमें अपनी सोच और दृष्टिकोण का विस्तार करना होगा। आज जो दलित-साहित्य चिंतक दलित-साहित्य को केवल अपनी समस्याओं तक और अपने प्रश्नों तक सीमित रखना चाहते हैं, उन्हें बाबा साहेब का मशविरा है कि उन्हें गाँव में अज्ञान और शोषण के अँधेरे में रहनेवाले उपेक्षितों तथा दलितों को प्रकाश में लाना है। वे साहित्यकारों को आश्वस्त करते हैं कि दलितों का समुदाय अल्पसंख्यक नहीं है, यह एक बहुत बड़ी दुनिया है। साहित्यकारों को चाहिए कि उनकी वेदना को भली-प्रकार समझकर उनके जीवन को विकसित करने के लिए साहित्य का उपयोग करना चाहिए। यहाँ हम बाबा साहेब के 'जीवन को उन्नत करने का प्रयास' पर विशेष बल देना चाहेंगे, क्योंकि दलित-साहित्य की सबसे बड़ी समस्या यह है कि वह दलितों के शोषण पर तो पूरी शक्ति से अपनी प्रतिक्रिया व्यक्त करता है, किंतु इस शोषण के दायरे से दलित कैसे निकलें? इस पर वह प्राय: मौन है। कहना होगा कि यदि दलित-साहित्य को सही दिशा में उन्मुख करना है और तदनंतर एक व्यापक और सार्थक सौंदर्यशास्त्र को आकार देना है, तो बाबा साहेब के ये विचार प्रस्थानबिंदु बन सकते हैं। खेद की बात है कि दलित चिंतक दलित सौंदर्यशास्त्र को शीघ्र गढ़ने, उसे परंपरा से अलगाने की हड़बड़ी में हास्यास्पद सुझाव देने में भी संकोच नहीं करते। डॉ. धर्मवीर लिखते हैं, "यह बात दलित-साहित्य के लिए शुभ रहेगी कि दलित-साहित्यकार का अपनी भाषा पर पूर्ण अधिकार है। दलित-साहित्य के लिए यह स्थिति भी गर्व की होगी कि उसे अपनी भाषा के व्याकरण का ज्ञान है। वह द्विज रसों, द्विज छंदों और द्विज अलंकारों को नकार सकता है, लेकिन धर्म और ईश्वर तथा इस तरह उसे अपने दलित रसों, दलित छंदों और दलित अलंकारों की खोज करके उनका प्रयोग करना चाहिए...।"[57] डॉ. धर्मवीर दलित-

साहित्यकारों की भाषा पर अधिकार को तो शुभ मानते हैं, किंतु इससे अधिक विचित्र और क्या होगा कि वे रसों, छंदों एवं अलंकारों को ब्राह्मण मान लेते हैं तथा दलितों को परामर्श देते हैं कि वे ब्राह्मण रसों, ब्राह्मण अलंकारों को अस्वीकार कर दें। जिस प्रकार वे अपने धर्म और अपने ईश्वर की खोज में लगे हैं, उसी प्रकार वे नए दलित रसों, दलित छंदों तथा दलित अलंकारों का अन्वेषण करें। यदि उनकी दृष्टि में ब्राह्मण रस, छंद और अलंकार अस्वीकार्य हैं, तो फिर जिस भाषा में दलित-साहित्यकार लिख रहे हैं, उसे भी ब्राह्मण मानना होगा। तब क्यों नहीं वे दलितों को नई भाषा खोजने के लिए प्रेरित करते? वास्तव में डॉ. धर्मवीर की समस्या यह है कि वे यह सब लिखकर दलित और दलित-साहित्य की पहचान को रेखांकित करना भूलकर अपनी पहचान बनाने में लग जाते हैं। उनका अधिकांश लेखन अपनी पहचान को सबसे आगे रखने की छटपटाहट में ही किया गया है। इसलिए वे रस, छंद और अलंकारों को भी जातियों में बाँट देते हैं। वास्तविकता यह है कि रस की अनुभूति छंदों की लय और अलंकारों का अभिव्यक्त विधान, ये न किसी एक व्यक्ति के हो सकते हैं, न जाति, समाज या राष्ट्र के, वे वैश्विक हैं। अच्छा होता कि डॉ. धर्मवीर अपने को स्थापित करने के इस जंजाल से बचकर भारतीय साहित्यशास्त्र का थोड़ा-बहुत अध्ययन कर लेते।

भारतीय साहित्य की व्यापक और समृद्ध परंपरा जिन तीन प्रतिमानों को लेकर विकसित हुई है, वे सार्वभौमिक और सार्वकालिक हैं। ये हैं—सत्य, शिव और सौंदर्य। समूचे विश्व के साहित्य में महान्-से-महान् कृति इन तीनों प्रतिमानों के संघटन से अपने महत्त्व को सिद्ध कर सकी है। दलित-साहित्य के पुरोधा इन सार्वभौमिक और सार्वकालिक प्रतिमानों का निषेध करके दलित-साहित्य की पहचान रेखांकित करना चाहते हैं। शरण कुमार लिंबाले इन प्रतिमानों का निषेध तो नहीं करते, किंतु इन्हें दलित संदर्भों में नई व्याख्या देना चाहते हैं, ''सत्यम्, शिवम् और सुंदरम्, ये भेदभाव की कल्पनाएँ हैं, जिसके आधार पर आम आदमी का शोषण हुआ है। दरअसल, सत्यं, शिवं और सुंदरम् की धारणा तो सवर्ण समाज के स्वार्थ-साधन के लिए रची

गई साजिश है। उसकी परिभाषा बदलने की जरूरत है। उन्हें अधिक ऐहिक और सामाजिक करने की आवश्यकता है।

- मनुष्य सर्वप्रथम मनुष्य है, यही 'सत्य' है।
- मनुष्य की स्वतंत्रता ही 'शिव' है।
- मनुष्य की मनुष्यता ही सौंदर्य है।''[58]

यह देखकर आश्चर्य होता है कि लिंबाले सत्यम्, शिवम् और सुंदरम् को भेद-भाव की कल्पना मानते हैं। वस्तुतः न प्रतिमान बुरे होते हैं, न कोई धर्म बुरा होता है और न कोई दर्शन। सकारात्मक या नकारात्मक दृष्टि से इनका उपयोग करनेवालों पर यह निर्भर है कि वे इन्हें अच्छे रूप में प्रस्तुत करते हैं या बुरे रूप में! लिंबाले की ही नहीं, अधिकांश दलित चिंतकों की समस्या यह है कि वे इनका नकारात्मक दृष्टि से उपयोग करनेवालों से लड़ना छोड़कर सीधे प्रतिमानों, धर्म और दर्शन के विरोध में तलवारें भाँजने लगते हैं। यह संभव है कि सत्यम्, शिवम्, सुंदरम् की आड़ लेकर कुछ लोगों ने इन्हें शोषण का हथियार बनाया हो, किंतु इससे यह नहीं कहा जा सकता कि सत्यम्, शिवम्, सुंदरम् की अवधारणा भेदभावमूलक है। वस्तुतः साहित्य का यदि कोई भी चरम आदर्श हो सकता है तो सत्यम्, शिवम्, सुंदरम् ही हो सकता है। उसे सवर्ण समाज से जोड़ देना एक अतिवादी शरारत है। लिंबाले इसके तुरंत बाद सँभल जाते हैं और भौतिक एवं सामाजिक दृष्टि से सत्यम्, शिवम् और सुंदरम् की व्याख्या करने लगते हैं। हमें इस बात में कोई आपत्ति नहीं कि पारंपरिक प्रतिमानों या आदर्शों की नई व्याख्या क्यों की गई? समय, परिस्थिति और संदर्भों के बदलाव के अनुरूप इनकी नई व्याख्या होनी ही चाहिए। यह बात अलग है कि लिंबाले सत्यम्, शिवम् और सुंदरम् की अवधारणा को सीमित कर देते हैं तथा मनुष्य को सत्य, उसकी स्वतंत्रता को शिव और उसकी मानवता को सौंदर्य के रूप में अर्थापित करने का प्रयास करते हैं। अपनी अवधारणा को और स्पष्ट करते हुए वे लिखते हैं, ''स्वातंत्र्य की भावना दलित-साहित्य का प्राणतत्त्व तो है ही, पर वह उसमें सौंदर्य तत्त्व के रूप में भी है। समता, स्वतंत्रता और बंधुत्व इन तीनों जीवन-

मूल्यों को दलित-साहित्य के सौंदर्य-तत्त्व मान सकते हैं। दलित-साहित्य का सौंदर्यशास्त्र 1. कलाकारों की सामाजिक प्रतिबद्धता, 2. कलाकृति में जीवन-मूल्य, 3. पाठकों के मन में जाग्रत् होनेवाली समता, स्वतंत्रता, न्याय और भ्रातृत्व की चेतना जैसे मूल तत्त्वों पर टिका रहनेवाला…है।''[59] यहाँ लेखक ने स्वातंत्र्य की भावना को दलित-साहित्य का मूल आधार माना है, किंतु हमें यह नहीं भूलना चाहिए कि किसी भी महान् साहित्य का अंतिम उद्‌देश्य मानव-स्वातंत्र्य या मानव-मुक्ति ही है, किंतु लिंबाले यह भूल जाते हैं कि सौंदर्य केवल कृति के कथ्य तक सीमित नहीं होता, बल्कि वह शिल्प में भी अभिव्यक्त होता है। उदात्त मानवीय अनुभूति की उदात्त शिल्प में अभिव्यक्ति ही सौंदर्य है। अनुभूति और अभिव्यक्ति को खंडित करके नहीं देखा जा सकता। दोनों का गूढ़ संश्लेषण ही महान् साहित्य का प्रतिमान है। साहित्य का इतिहास इस बात का साक्षी है कि जब-जब अनुभूति और अभिव्यक्ति का यह संतुलन डगमगाया है, तब-तब साहित्य को उसकी कीमत चुकानी पड़ी है। रीतिकाल की अतिशय कलात्मकता और द्विवेदी युग की आक्रामक इतिवृत्तात्मकता इसका प्रमाण है। जब लिंबाले समता, स्वतंत्रता और बंधुत्व को दलित-साहित्य के सौंदर्य विधायक तत्त्व मान लेते हैं, तब अभिव्यक्ति, शिल्प या शैली के प्रश्न सिरे से गायब हो जाते हैं। यह मान लिया जाता है कि बिना अभिव्यक्ति की चिंता किए दलित-साहित्य केवल विचारों के बल पर अपने सौंदर्यशास्त्र का निर्माण कर सकता है। इसके पीछे संभवतः साहित्य की नई परंपरा गढ़ने का अतिवादी उत्साह है। किंतु नई परंपरा गढ़ने के लिए पुरानी परंपरा को पहचान और उसके अंतर्विरोधों को स्पष्ट करना आवश्यक होता है। निस्संदेह दलित-साहित्य का सौंदर्यशास्त्र अभी संपूर्णता के साथ नहीं गढ़ा जा सकता। इसके लिए दलित-साहित्य को एक लंबी सृजन-यात्रा तय करनी होगी। साहित्य की दीर्घकालीन परंपरा, उसकी सृजनात्मक शक्ति और पाठकों से उसकी अंतःक्रिया इन सभी को जब काल आत्मसात् कर लेता है, तभी किसी साहित्य का सौंदर्यशास्त्र पूर्णता और स्थायित्व पाता है। दलित-चेतना की तुलना में दलित-साहित्य अभी

अधिक दूरी नहीं तय कर पाया है। एक नए आंदोलन में जो उत्तेजना, रोमांच, अति उत्साह और अंतर्विरोध होते हैं, वे दलित–साहित्य में पूरे पैनेपन के साथ मौजूद हैं। इसलिए अभी हमें दलित–साहित्यकारों के उन तर्कों को सहानुभूति और संवेदनशीलता के साथ देखना होगा, जो इस साहित्य के अभिव्यक्ति पक्ष की अपरिपक्वता को तर्कसंगत ठहराते हैं। दलित–साहित्य की भाषा के अतियथार्थवाद पर लिंबाले की टिप्पणी हैं, ''जब मेरी माँ–बहन पर अत्याचार होता है, उसे क्या कलात्मक ढंग से अभिव्यक्त करूँ? जब मैं लिखता हूँ तो मेरी रचनाएँ मेरे साथ हुए छल–कपट की अभिव्यक्ति होती हैं। अपने ऊपर हुए छलकपट को कलात्मक शैली में पेश करूँ? जिसका घर जल रहा है, उसका संताप सुर में होना चाहिए? आक्रोश शास्त्रीय संगीत नहीं है, जो शास्त्रीय संगीत है वह आक्रोश नहीं है।''[60] या उनका यह अभिमत, ''कलात्मकता से मुझे क्या लेना? कलात्मकता मुझे निःशस्त्र करनेवाली है। मैं शब्द की अभिव्यक्ति को शस्त्र मानता हूँ, जो मेरी मुक्ति का आंदोलन है। आंदोलन ही दलित–साहित्य की कलात्मकता है।''[61] इन दोनों उद्धरणों में पहला दलित शोषण की चीत्कार से अभिभूत है। यह ठीक वैसी ही स्थिति है, जैसी वाल्मीकि की शिकारी द्वारा क्रौंच–वध करने के समय उनके पहले श्लोक से फूटी थी। उस श्लोक में वेदना है, करुणा है, संवेदनशीलता की छटपटाहट है और एक विराट् मानवीय दृष्टि, जो वाल्मीकि के अंतस् से फूटी थी। क्या वाल्मीकि के पहले श्लोक से ही साहित्य का सौंदर्यशास्त्र निर्मित हो गया था? क्या अपना सौंदर्यशास्त्र निर्मित करने के लिए वाल्मीकि से उद्भूत रचना–परंपरा को देश और काल की कसौटी पर खरा नहीं उतरना पड़ा? वास्तविकता यह है कि बिना समय और साधना के हड़बड़ी में कलावाद से पलायन करने की नसीहत दी जाती है। ''दलित लेखक यदि कलावाद अपनाएगा तो वह जीवनवादी नहीं हो सकता। वह अंधा हो जाएगा। उसे गुमराह करने के लिए यह प्रस्थापित और पारंपरिक साहित्य का षड्यंत्र है, जिससे दलित लेखकों को सावधान रहना चाहिए। कलावाद साहित्य का एक जातिवाद है , जो क्रांति और सामाजिक बदलाव को रोकता है। मुझे इससे

सख्त घृणा है। जो समाज में रहकर समाज की नहीं, कला की बात करते हैं, जो फूलों की चिंता तो करते हैं, लेकिन दु:खी, पीड़ित, शोषित की चिंता नहीं करते। यह कैसी संवेदनशीलता है?''[62]

भारतीय और पाश्चात्य, दोनों का साहित्यशास्त्र इस प्रश्न से अब तक जूझता रहा है कि कला कला के लिए है या जीवन के लिए? दरअसल, कला और जीवन मनुष्य की विकास-यात्रा में इस तरह बिंधे हैं कि इनको अलग-अलग करके देखना साहित्य को पतन की ओर ले जाना है। यदि मनुष्य के लिए केवल जीना ही आवश्यक है तो यह काम तो पशु भी करते हैं। वह अपनी भाषा, अभिव्यक्ति कौशल, शिल्प-निपुणता के बल पर अपनी सांस्कृतिक यात्रा में आगे बढ़ा है। बिना कला के जीवन संपूर्ण नहीं हो सकता और बिना जीवन के कला की कोई प्रासंगिकता नहीं है। जब लिंबाले कला को जाति से जोड़ते हैं और उससे घृणा करते हैं तो वे प्रकारांतर से दलित समाज के सांस्कृतिक विकास में अवरोध खड़ा करते हैं। जीवन में जो कुछ सुंदर है, उसका निषेध या उसका विरोध हमारी मानवीय संवेदनशीलता को क्षीण करता है। हमें फूलों की चिंता भी करनी है और दलित तथा शोषितों की भी। तभी हम दलित-साहित्य का सार्थक सौंदर्यशास्त्र गढ़ सकेंगे। एक स्थान पर लिंबाले आनंद की अवधारणा पर प्रहार करते हैं, ''समता, बंधुता, स्वतंत्रता आनंद से बढ़कर कहीं ज्यादा मूल्यवान है। मैंने देखा है, समता के लिए आंदोलन हुए हैं, न्याय के लिए लड़ाइयाँ हुई हैं। मैंने देखा है, बंधुता के लिए सत्याग्रह हुए हैं, लेकिन आनंद के लिए ऐसा कुछ भी नहीं हुआ है। स्वतंत्रता के लिए आत्म-बलिदान हुए हैं, लोग जेल जाते हैं, बड़े-बड़े आंदोलन होते हैं।''[63] प्रश्न यह है कि आनंद क्या है? क्या वह ऐंद्रिय सुखों की अनुभूति है? या वह कुछ भिन्न प्रकार का अनुभव है? दरअसल, आनंद न सुख है न दु:ख, वह हमारे 'स्व' के विस्तार की चरम-सिद्धि है। 'स्व' का यह विस्तार मनुष्य मात्र की विशेषता है। इसलिए हम उसे अपने जीवन से बाहर नहीं कर सकते। यदि हमारे जीवन से आनंद और करुणा के भाव बहिष्कृत कर दिए जाएँ तो प्रवृत्ति की दृष्टि से मनुष्य और पशु में अंतर

करना कठिन होगा। सच तो यह है कि समता, बंधुता और स्वतंत्रता इनके लिए हम इसलिए संघर्ष करते हैं कि ऐसा करने में हमें आनंद मिलता है, एक प्रकार का सात्त्विक आनंद। आनंद के लिए कभी युद्ध इसलिए नहीं हुआ, क्योंकि आनंद आदर्शों के लिए किए जानेवाले संघर्ष की वह सिद्धि है, जो स्वतः आनंदमूलक है। संघर्ष आदर्शों या विचारों के लिए होता है, उस विशिष्ट अनुभूति के लिए नहीं, जो मनुष्य के अंतःकरण में चरम-लक्ष्य के रूप में विद्यमान थी, है, और रहेगी। इसलिए यह आवश्यक नहीं कि दलित-साहित्य में केवल आक्रोश और प्रतिरोध को ही वाणी मिले तथा उसके लिए ऐसी भाषा का इस्तेमाल हो, जो अश्लीलता का स्पर्श करे। ऐसी भाषा के इस्तेमाल के लिए कुछ लेखक अपने ढंग से तर्क जुटाते हैं। हरिनारायण ठाकुर जब इस भाषा के समर्थन में खड़े होते हैं, तो उनके तर्क निश्चित रूप से विचारणीय हैं। इस संबंध में वे लिखते हैं, "पहली नजर में लगता है कि दलित-साहित्य की भाषा गाली-गलौज की अश्लील भाषा है, किंतु ध्यान देने की बात यह है कि दलित-साहित्य प्रतिरोध और बहुत हद तक प्रतिक्रिया का भी साहित्य है। अतः उसमें क्षोभ, पीड़ा और आक्रोश स्वाभाविक है। दूसरी बात है कि दलित-साहित्य ने परंपरागत तत्सम प्रधान, संस्कृतनिष्ठ भाषा, काव्य शैली और प्रस्तुतीकरण को नकारकर जनसामान्य को समझने लायक सर्वग्राही भाषा का प्रयोग किया है। वह ऐसी भाषा का इस्तेमाल करता है, जो दलितों की पीड़ा, अपमान और व्यथा तथा जन-सामान्य की आशा-आकांक्षाओं के यथार्थ को सही अभिव्यक्ति दे सके। इसलिए इसमें कुछ ऐसे शब्दों का भी प्रयोग हो जाता है, जो साहित्य के लिए अश्लील और वर्जित रहे हैं। जैसे—हगना-मूतना आदि··· ।"[64] यहाँ इस प्रकार की भाषा को इसलिए समर्थन दिया गया है, क्योंकि क्षोभ, पीड़ा और आक्रोश की अभिव्यक्ति के लिए ऐसा करना स्वाभाविक है, किंतु हमें विचार करना होगा कि क्या दलितों के शोषण से उपजा आक्रोश और प्रतिरोध अश्लील और भदेस भाषा में ही व्यक्त हो सकता है? क्या इसके लिए कोई ऐसी भाषा प्रयुक्त नहीं की जा सकती, जो हमारे हृदय को अधिक गहराई से उद्वेलित

कर सके? प्रेमचंद ने भी दलितों के क्षोभ और आक्रोश को अपने ढंग से अभिव्यक्ति दी, तथा इसमें कोई संदेह नहीं कि यह अभिव्यक्ति हमें कहीं भीतर तक झकझोरती है। इसके लिए उन्हें गाली–गलौज की भाषा की कभी आवश्यकता नहीं पड़ी। यह सही है कि दलित–साहित्य ने भाषा के परंपरागत अभिजात्य को तोड़ा, किंतु उसकी परिणति जिस भाषा में होती है, वह हमारे मन में विद्रूप का संचार तो करती है, किंतु अंतर्मन को हिलकोरती नहीं। 'हगना–मूतना' या ऐसे ही शब्द वीभत्स भाव तो पैदा करते हैं, किंतु यह आवश्यक नहीं कि इनसे किसी व्यापक सामाजिक चेतना को अभिव्यक्ति मिल सके। इसके आगे वे इस भाषा के समर्थन में तर्क प्रस्तुत करते हुए लिखते हैं, "यातनाओं से उपजी आक्रोशपूर्ण भाषा तेज औजार की तरह भीतर तक झकझोर देती है। दलित समाज की बोली–बानी के ऐसे अनेक शब्द प्रकट होते हैं, जिनसे साहित्य अनभिज्ञ था। यह दलित–साहित्य को ताजगी देता है और भाषा की जड़ता को भी तोड़ता है।"[65] भले ही इस प्रकार की भाषा से पाठक के मन में उद्वेलन का दावा किया जाए, किंतु ऐसी भाषा से न दलित–साहित्य को ताजगी मिलती है और न इससे भाषा की जड़ता प्रभावित होती है। यदि अश्लील भाषा से सामाजिक–परिवर्तन संभव होता तो फुटपाथ पर बिकनेवाले गंदगी से सराबोर साहित्य को अधिक महत्त्व मिलना चाहिए था। भाषा की जड़ता को तोड़ने का आशय यह नहीं कि हम सामाजिक–शिष्टता और मर्यादा को ताक पर रख दें तथा परिवेश और यथार्थ के नाम पर भाषा को एक नए प्रकार की जड़ता से जोड़ दें। भले ही प्राथमिक रूप में इस प्रकार की भाषा के प्रयोग को क्षम्य माना जा सकता है, क्योंकि अभी दलित–चेतना को और अधिक व्यापक तथा प्रौढ़ होना है एवं उसी के अनुपात में दलित–साहित्य को भी उच्चतर सोपानों तक जाना है, किंतु ऐसी अश्लील, गाली–गलौज भरी भाषा को किसी भी दृष्टि से दलित–साहित्य का प्रतिमान नहीं माना जा सकता।

विश्व में वे सभी क्रांतियाँ और सामाजिक आंदोलन, जिन्होंने समाज एवं देश को व्यापक रूप से प्रभावित किया है, वे कभी भी साहित्य में सीधे–

सीधे प्रतिबिंबित नहीं हुए। साहित्य ऐसी क्रांतियों और आंदोलनों को अपने भीतर आत्मसात् करके उनमें व्याप्त आक्रोश, बदलाव की छटपटाहट तथा वैचारिक तेजस्विता को सर्जनात्मक रूप में नए सिरे से गढ़ता है। दलित-साहित्य की भाषा को लेकर एक तर्क यह दिया जाता है कि "जो आंदोलन में रहता है, आंदोलन की बात करता है, उसके साहित्य में लिखने की एक प्रखरता आ जाती है, एक असलियत आ जाती है। इसलिए दलित लेखक एक कार्यकर्ता है। चाहे वह गवर्नमेंट सर्वेंट हो। वह नहीं डरता कि मैं गवर्नमेंट हूँ, कैसे आंदोलन में जाऊँ? वह डरता नहीं, यही उसका असलीपन है। जो भी दलित लेखक घर में बैठते हैं, नौकरी करते हैं और लिखते हैं, उनका लेखन इतना सशक्त नहीं है जितना उनका, जो आंदोलन में रहकर दलितों के लिए लिखते हैं। दलित-साहित्य में ये भी दो धाराएँ हैं।"[66] यदि हम इस विचार को थोड़ी देर के लिए स्वीकार भी कर लें तो इसका अर्थ यह होगा कि साहित्य मात्र की तेजस्विता और यथार्थपरकता के लिए आंदोलनों की आवश्यकता रहती है तथा रचनाकार को आवश्यक रूप से उस आंदोलन का कार्यकर्ता होना चाहिए। इसका तात्पर्य यह हुआ कि अब तक वही साहित्य सार्थक और महान् है, जो किसी आंदोलन की उपज है। यदि हम हिंदी साहित्य की पूरी परंपरा पर दृष्टिपात करें तो केवल प्रगतिवादी साहित्य ही मार्क्सवादी आंदोलन की कोख से जनमा है। इसके खाँटी के लेखक, पार्टी के कार्यकर्ता भी रहे हैं। प्रगतिवाद ने जो प्रचारमूलक साहित्य लिखा, वह पाठकों के गले न उतर सका और केवल सात वर्षों में ही (1936-1943) ऐसा साहित्य दम तोड़ गया। इससे पहले द्विवेदी युग के साहित्य का एक बड़ा अंश आर्यसमाज के आंदोलन से जुड़ा था। वह भी अपनी उपदेशात्मकता और प्रचारशीलता के कारण पाठकों के बीच अपना स्थान न बना सका। यह अपने आपमें महत्त्वपूर्ण है कि दलित वर्ग ने अपनी पहचान को पाने के लिए अनेक आंदोलनों में हिस्सेदारी की। यह भी एक वास्तविकता है कि इस हिस्सेदारी ने दलितों की पहचान को पूरे पैनेपन के साथ रेखांकित किया, किंतु आंदोलन को साहित्य और साहित्य को आंदोलन का पर्याय

मानने पर आंदोलन भले ही प्रभावित न हो, किंतु इससे साहित्य अवश्य प्रभावित होता है।

(ii) दलित-साहित्य : समीक्षा के नए संकट

यह एक स्थापित तथ्य है कि साहित्य की सर्जनशीलता से ही उसके प्रतिमान निर्मित होते हैं। एक महान् रचनाकार जब समाज के अंतर्विरोधों से प्रेरित और उद्वेलित होकर साहित्य की रचना करता है तो वही साहित्य भविष्य के प्रतिमानों का वाहक बनता है। जैसाकि हमने पहले कहा कि दलित–साहित्य अभी अवयस्क है और उसी अनुपात में वह आक्रोश एवं अलगाव से प्रेरित होकर नएपन की तलाश के लिए छटपटा रहा है। अभी इस साहित्य को ऐसे प्रतिमान गढ़ने हैं, जिन पर उसकी वस्तुनिष्ठ एवं गंभीर समीक्षा की जा सके। समस्या यह है कि दलित–साहित्यकार मूल्यांकन के लिए उसके नकारात्मक पक्षों की साहित्यिक व्याख्या की अपेक्षा करते हैं। उनकी दृष्टि में, ''दलित समीक्षक दलित–साहित्य की समीक्षा समाजशास्त्रीय दृष्टि से करते हैं। दलित–साहित्य जहाँ विद्रोह, शोषण और विषमता के विरुद्ध है, वहीं उसका नकार 'मुझ पर जो लादा गया है, वह फेंक देने के लिए हैं'—को दरशाता है और इसी स्वरूप की समीक्षा भी होती दिखती है। पर साहित्य में 'विद्रोह और नकार' की सामाजिक कारण–मीमांसा की जाती है, लेकिन वेदना, विद्रोह और नकार के साहित्यिक रूप का ब्योरा नहीं दिया जाता। दलित समीक्षा दलित–साहित्य में साहित्यिक विशेषताओं की ओर ध्यान न देकर सामाजिक–व्यवस्था पर ही अधिक विचार करती हुई दिखती है।''[67] प्रश्न यह है कि दलित–साहित्य में जो सामाजिक सरोकार हैं, उनका साहित्यिक मूल्यांकन किस प्रकार किया जाए? क्या पारंपरिक साहित्यिक प्रतिमानों के आधार पर दलित–साहित्य की पड़ताल की जा सकती है, जिसके लिए न दलित–साहित्यकार तैयार हैं और न दलित चिंतक ही? तब ऐसे साहित्यिक प्रतिमानों के निर्धारण का आधार क्या होगा? साहित्य की पहचान उसकी समन्वयशीलता और साहित्यिक मूल्यों के आधार पर होती है। प्रश्न

यह है कि क्या दलित-साहित्यकार साहित्य की मूलभूत प्रवृत्तियों, समन्वयशीलता और सर्जनात्मकता को स्वीकार करने के लिए तैयार हैं? यदि ऐसा है तो समूचा दलित-साहित्य अभी साहित्य की इन मूल प्रवृत्तियों से न केवल पृथक् है, बल्कि उसके विरोधी ध्रुव पर खड़ा है। अब या तो साहित्य की मूलभूत प्रवृत्तियों से हटकर दलित-साहित्य नए सिरे से साहित्य की पहचान को अर्थापित करे अथवा साहित्य की समृद्ध परंपरा से अपने प्रतिमानों को गढ़े। दरअसल, समीक्षा साहित्य को समझने की एक वस्तुगत प्रक्रिया है। जिस प्रकार साहित्य को वादों और विचारधाराओं में विभक्त करने से उसका अहित हुआ है, उसी प्रकार विचारधाराओं और प्रतिबद्धताओं के आधार पर समीक्षकों का विभाजन उसके लिए गंभीर चिंता का विषय है। हिंदी साहित्य निरंतर समीक्षा के इस अंतर्विरोध को झेल रहा है। हम अभी तक समीक्षा के इन भेदों-प्रभेदों की धुंध से उबर नहीं पाए हैं। दलित-साहित्य के चिंतक उसकी समीक्षा के संदर्भ में इसी गलती को दोहराना चाहते हैं। वे मानते हैं, "मध्यवर्गीय समीक्षक दलित-साहित्य की गहराई से समीक्षा करेंगे, ऐसी अपेक्षा करना ही गलत है। उनके लिए दलित लेखकों के अनुभव की जात, अनुभव की तीव्रता, अनुभव की भाषा, अनुभव का संदर्भ और अनुभव की अभिव्यक्ति, इन सबका पूर्ण आकलन हुए बिना दलित-साहित्य की गहराई से समीक्षा करना संभव नहीं है।"[68] यहाँ समीक्षा का भी वर्गीय विभाजन करने की कोशिश की गई है। वर्गीय आधार दलित-चेतना को समझने में तो सहायक हो सकता है, किंतु समीक्षा में इस प्रकार का विभाजन समीक्षा को एक छोटे से दायरे में सीमित कर देता है। दलित-साहित्यकारों को अनुभूति, उसे अभिव्यक्त करनेवाली भाषा आदि सभी पक्षों का आकलन आवश्यक है, किंतु यह आकलन एक पूरे वर्ग को समीक्षा से अलग कर संभव नहीं। यदि मध्यवर्गीय समीक्षकों को दलित-साहित्य की समीक्षा से अलग कर दिया जाए तो कितने दलित समीक्षक तटस्थ और सार्थक रूप में इस साहित्य की समीक्षा करने में समर्थ होंगे? वस्तुतः दलित और गैर-दलित लेखकों का विभाजन जिन समस्याओं को उत्पन्न करता है, वही समस्याएँ समीक्षकों के

वर्गीय विभाजन से उत्पन्न होती हैं। शरण कुमार लिंबाले का यह मानना पूरी तरह से तर्कसंगत है, "दलित-साहित्य को आधुनिक समीक्षक की अपेक्षा प्रभावी समीक्षकों की आवश्यकता है। दलित समाज की भाषा और भावना जाननेवाला तथा उससे मन:पूर्वक समरस होनेवाला आलोचक दलित-साहित्य को बहुत बड़ी प्रेरणा दे सकता है। प्रचारी आलोचक और चाटुकारिता प्रशंसक काफी हद तक ये दोनों ही घातक हैं। पहला अतिस्तुति से तो दूसरा औपचारिकता से दलित-साहित्य की दुर्दशा करता है। रचना में होनेवाली त्रुटियों की ओर ध्यान न देकर लेखक की झूठी प्रशंसा कभी भी उचित नहीं होती।"[69] निस्संदेह इससे कोई फर्क नहीं पड़ता कि दलित समीक्षक समकालीन विचारधाराओं के अपने ज्ञान के कारण आधुनिक हो। आधुनिक विचारधाराओं से लैस होना किसी समीक्षक की महानता का लक्षण नहीं होता, बल्कि आवश्यक यह है कि समीक्षक को दलित समाज के अंतर्मानस की पारदर्शी पहचान हो। समीक्षा निंदा या प्रशंसा की सीमा का अतिक्रमण कर व्यापक रूप से दलित-साहित्य की व्यापक और गंभीर पड़ताल कर सके। वह यदि दलित-साहित्य के वैशिष्ट्य को अंकित करे तो उसमें अति उत्साह नहीं होना चाहिए और यदि वह उस साहित्य की कमियों को रेखांकित करे तो वहाँ नकारात्मक दृष्टिकोण का भी अभाव होना चाहिए। इस संदर्भ में यह एक उल्लेखनीय अभिमत है, "दलित-साहित्य मूलत: जीवनवादी साहित्य है। इस साहित्य के सभी सूत्र जीवन से जुड़े हैं।" 'मेरा साहित्य मेरा जीवन है, मैं मनुष्य के लिए लिखता हूँ', ऐसी दलित लेखक की स्पष्ट धारणा है। फिर ऐसे साहित्य की कलावादी समीक्षा कैसे हो सकती है? कलाकृति की समीक्षा लेखक की दृष्टि के अनुरूप हो या समीक्षक की दृष्टि से यह भी तय करना होगा! जब लेखक और समीक्षक एक ही दृष्टि से साहित्य की ओर देखते हैं, तब उनके साहित्य और समीक्षा में मूलभूत स्वरूप की असंगति नहीं होगी, लेकिन जब लेखक और समीक्षक की दृष्टि में अंतर पड़ने लगेगा, तब साहित्य तथा समीक्षा में असंगति का सुर हमेशा...बढ़ने लगेगा।"[70] इसमें कोई संदेह नहीं कि दलित-साहित्य जीवन की धुरी पर केंद्रित है और उसकी दृष्टि मानववादी है, किंतु

दुविधा यहाँ उत्पन्न होती है, जब जीवन से जुड़े साहित्य के संदर्भ में कला-मूल्यों की पूरी तरह से उपेक्षा कर दी जाती है। यह मानने को तो दलित-साहित्यकार भी तैयार नहीं होंगे कि उनसे पहले साहित्य में जीवन अभिव्यक्त नहीं हुआ। महान् साहित्य जीवन और उसमें व्याप्त सामाजिक सरोकारों से ही प्राण-रस ग्रहण करता है, किंतु वहाँ कला-मूल्यों को बहिष्कृत करने की कोई विवशता नहीं होती। बल्कि कहना होगा कि अनुभूति और कला, ये दोनों पक्ष अलग हैं ही नहीं। महान् साहित्य में ये एक-दूसरे में बिंधकर ही अभिव्यक्त होते हैं। इसी प्रकार महान् साहित्य की समीक्षा के लिए समीक्षक को अनुभूतिवादी या कलावादी नहीं होना पड़ता। वह रचना को जैविक एकता (Organic Unity) में समग्रता से देखता है। तब फिर दलित-साहित्य की कलावादी समीक्षा करने का प्रश्न ही कहाँ रहा? यह मानना भी बहुत संगत नहीं है कि दलित रचनाकार और समीक्षक साहित्यकार को एक ही दृष्टि से देखें। साहित्य का इतिहास इस बात का साक्षी है कि रचना और आलोचना इन दोनों में समन्वय तथा विषमता की स्थितियाँ बना रही है। यदि रचना और समीक्षा को एक ही सुर में बोलना है और मत-भिन्नता का वहाँ कोई स्थान न हो तो साहित्य के प्रतिमानों का विकास कैसे होगा? लेखक और समीक्षक को एक साथ समझौतावादी बाड़े में हाँक देना, यह साहित्य के जनतांत्रिक मूल्यों के लिए हानिकर ही नहीं, घातक भी है। जब यह कहा जाता है, "कालकृति के मूल्यांकन के लिए एक की अपेक्षा अनेक कसौटियों का उपयोग करना चाहिए। कलाकृति के अनेक पहलुओं का उचित आकलन होने के लिए उत्कट समरसता और सर्वांगीण विचार-प्रणाली आवश्यक है। कलाकृति का उचित मूल्यांकन होने के लिए 'स्थिर कसौटी' अथवा 'निश्चित कसौटी' का आग्रह करना उचित नहीं होगा।"[71] तो लेखक के अपने दृष्टिकोण में ही एक अंतर्विरोध उभरता है। यदि कलाकृति के मूल्यांकन के लिए अनेक प्रतिमानों की आवश्यकता होती है और किसी प्रतिमान को निश्चित अथवा स्थिर नहीं माना जा सकता तो दलित रचनाकारों और समीक्षकों की पारस्परिक सहमति का बंधन इसे कैसे संभव होने देगा?

जिन समीक्षकों ने दलित–साहित्यकारों के मूल्यांकन का प्रयास किया है, उन्होंने इसके वैशिष्ट्य के रेखांकन के साथ–साथ उसकी दुर्बलताओं पर भी विचार किया है, किंतु समीक्षा में सबकुछ नकारात्मक है, ऐसा भी नहीं है। इसी दृष्टि से दलित समीक्षा पर आक्षेप करते हुए लिखा गया, "ऐसा नहीं है कि दलित समीक्षकों ने केवल दलित–साहित्य का समर्थन किया है, उन्होंने दलित–साहित्य पर प्रतिकूल आलोचना भी की है। उन्होंने दलित–साहित्य की बहुप्रसवता पर भी आलोचना की है। दलित लेखकों ने लिखा तो आलोचना हुई। उन्होंने लेखन नहीं किया तो भी उनकी आलोचना हुई है। उदाहरणस्वरूप, दलित लेखक केवल एक ही आत्मचरित्रात्मक पुस्तक लिखता है और उसका लेखन समाप्त हो जाता है। इसलिए यह भी आलोचना हुई कि चूँकि आत्मचरित्र लेखन के लिए कुछ विद्वत्ता या प्रतिभा की आवश्यकता नहीं पड़ती, इसलिए उसे लिखने के बाद लेखक और आगे नहीं लिख पाता। यह भी कहा गया कि कलानुभव न होने के कारण दलित–साहित्य उथला होता है। ऐसे प्रश्न भी उठाए गए हैं कि दलित तो उचक्के, चोर और गुनहगार हैं, उन्हें शोषित कैसे माना जाए? इस प्रकार दलित–साहित्य की प्रतिकूल आलोचना और अनुचित प्रशंसा भी हुई है। बहुत से साहित्यिक समीक्षक जब भी दलित–साहित्य में ज्वलंत–प्रेरणा को अनदेखा कर उनकी त्रुटियों पर बार–बार जोर देते हैं। कुछ भी हो, यह छिद्रान्वेषण की दृष्टि बुरी है, लेकिन अभिभावक की तरह केवल पीठ थपथपाने से भी दलित साहित्यिकों का दिग्भ्रमित होना संभव है। यदि सम्यक्, स्वागतशील वृत्ति, लेकिन वस्तुनिष्ठ दृष्टि से दलित–साहित्य का मूल्यांकन होता रहा तो यह साहित्य अपना ऐतिहासिक कार्य अच्छे तरीके से संपन्न कर सकेगा। दलित–साहित्य की प्रशंसा करनेवाली अनुकूल समीक्षा और दलित–साहित्य पर पूर्वग्रह ग्रसित दूषित दृष्टि से आलोचना करनेवाली प्रतिकूल समीक्षा, दोनों ही दलित–साहित्य के लिए घातक सिद्ध होंगी।"[72] यह सही है कि दलित समीक्षकों ने एक हद तक दलित–साहित्य की उन नकारात्मक प्रवृत्तियों का प्रतिरोध किया, जो उसके विकास में निरंतर बाधा बनी हुई हैं, किंतु यह समीक्षा इतनी

नकारात्मक भी नहीं, जिसका अतिवादी आख्यान लिंबाले कर रहे हैं। वस्तुतः दलित-साहित्य की रचना स्वयं में एक चुनौती है और उससे बड़ी चुनौती है, इस साहित्य की समीक्षा और उसका स्वरूप एवं दिशा निर्धारित करना। जैसे-जैसे दलित-साहित्य का विकास होगा, उसमें गंभीरता और अर्थवत्ता का समावेश होगा, वैसे-वैसे इस साहित्य की समीक्षा के नए प्रतिमान गढ़े जाएँगे। इन प्रतिमानों की विकासशीलता से ही दलित समीक्षा का रूप निखरेगा। जिस प्रकार हम दलित-साहित्य के निरंतर विकास और समृद्धि के प्रति आशान्वित हैं, उसी प्रकार हमारा विश्वास है कि दलित-साहित्य की समीक्षा का भविष्य उज्ज्वल है।

(iii) **जेनुइन दलित लेखक कौन?**

दलित-साहित्य को लेकर एक प्रश्न अकसर उठाया जाता है कि जेनुइन दलित लेखक हम किसे कहें? क्या उसे, जो स्वयं दलित है, जिसने उस यथार्थ को भोगा है, जिसे वह अभिव्यक्त कर रहा है अथवा वह, जो दलित नहीं है, किंतु जिसने मानवीय संवेदना को आधार मानकर दलित वर्ग के परिवेश, वास्तविकताओं, समस्याओं और आकांक्षाओं को अभिव्यक्ति दी है? जेनुइन दलित लेखक के प्रश्न को सहानुभूति अथवा सहानुभूति का विभाजन करके भी उठाया जाता है। दलित लेखक यह मानते हैं कि दलित-साहित्य के प्रामाणिक लेखन के लिए यह आवश्यक है कि भोगे हुए अनुभव को ही अभिव्यक्ति दी जाए। अधिकांश दलित लेखक जिस परिवेश से आए हैं, उन्होंने अपने यथार्थ को जिस प्रकार जिया और भोगा है, उसे यथासंभव प्रामाणिक अभिव्यक्ति देने का प्रयास उन्होंने किया है। उनका यह मानना है कि दलित लेखन केवल दलित ही कर सकते हैं, क्योंकि वे अपने भोगे हुए यथार्थ के स्वयं साक्षी हैं। मराठी साहित्य सम्मेलन के उनतीसवें अधिवेशन में श्री गं:बा: सरदार ने अपना अध्यक्षीय भाषण देते हुए कहा, ''गाँव की सीमा से बाहर, जो पीढ़ियों से दलित के नाम से जनमते रहे, मरते रहे, उनके दु:खों की वेदना बहुत तीव्र है। प्राचीनकाल से ही मनुष्य का अधिकार छीन

लिया गया था। उनका मुँह हमेशा के लिए बंद कर दिया गया था। इसलिए सवर्ण समाज का लेखक कितना ही श्रेष्ठ और प्रतिभाशाली क्यों न हो, उसकी कल्पना और सहानुभूति प्रत्यक्ष दलितों की सहानुभूति नहीं बन सकती।''[73] इसी दृष्टि से ओमप्रकाश वाल्मीकि गैर-दलित लेखकों के दलित-साहित्य को प्रामाणिक नहीं मानते। उनके अभिमतानुसार, ''गैर-दलित जो भी दलितों के बारे में लिखता है उसकी प्रामाणिकता इसलिए संदिग्ध होती है कि दलितों के जीवन के बारे में गैर-दलित सिर्फ उतना ही जानते हैं, जितना उनका संपर्क श्रम से संबंधित होता है। उनके अंतर्भाव, उनकी सोच, उनकी मान्यताएँ, जीवन-मूल्य या उससे जुड़ी हुई अन्य चीजों को गैर-दलितों के पास जानने का कोई साधन नहीं है।''[74] अजय नावरिया एक ओर तो यह मानते हैं कि दलित ही प्रामाणिक ढंग से दलित-साहित्य का सृजन कर सकते हैं और दूसरी ओर गैर-दलित-साहित्यकारों के आत्ममंथन के लिए वे उनके द्वारा लिखे गए दलित-साहित्य को स्वीकृति भी प्रदान करते हैं। उनकी दृष्टि में, ''दलित ही दलित-साहित्य लेखन प्रामाणिक ढंग से कर सकते हैं। इन घटनाओं के भोक्ता यदि अपनी व्यथा-कथा लिखें तो निस्संदेह भाषा की बनावट-बुनावट महीन न हो, पर रंग वास्तविक ही होंगे। अतः वर्तमान में दलित-साहित्यकारों का यह दावा उचित ही प्रतीत होता है और भविष्य में अपनी रूपरेखा और स्पष्ट करके वह उपस्थित होगा। स्वतंत्रता प्राप्ति के बाद जनमी यह दलितों की पहली शिक्षित जमात है।''[75] अजय नावरिया की दृष्टि में भले ही दलित लेखकों द्वारा लिखा दलित-साहित्य अभिव्यक्ति की दृष्टि से अपरिपक्व हो, किंतु उसकी प्रामाणिकता असंदिग्ध है। वे यह भी मानते हैं कि आजादी के बाद जो दलित लेखक सामने आए, वह दलित शिक्षितों की पहली पीढ़ी है। अतः भविष्य में जैसे-जैसे इन शिक्षितों का दायरा बढ़ेगा, वैसे-वैसे दलित-साहित्य में भी गहराई और विस्तार आता जाएगा। नावरिया गैर-दलित लेखकों द्वारा लिखे गए दलित-साहित्य को खारिज नहीं करते, बल्कि मानते हैं, ''गैर-दलितों को दलित विषयक साहित्य लिखना चाहिए, क्योंकि यह युग की जरूरत है, यह आत्ममंथन के लिए भी

आवश्यक है। दलित-साहित्यकार स्त्री-विमर्श की ही तर्ज पर उन्हें 'दलितों के लिए' साहित्य की श्रेणी में रख सकते हैं। यह अधिकार तो दलित समाज को ही दिया जा सकता है कि वे किस रचना को दलित-साहित्य की परिभाषा, परिधि में स्वीकार करते हैं। उन्होंने अत्याचार-अन्याय सहे हैं तथा दृष्टि की ईमानदारी उनसे बेहतर और कौन समझ सकता है?''[76] प्रश्न यह है कि साहित्य की अर्थवत्ता का निष्कर्ष क्या है? क्या केवल इतना ही कि भोगे हुए यथार्थ को सीधी-सीधी अभिव्यक्ति दे दी जाए? क्या साहित्य केवल भोगे हुए यथार्थ का प्रतिफलन है? यदि ऐसा होता तो साहित्य हमारे भोगे हुए यथार्थ का विवरण बनकर रह जाता। साहित्य-भावना, बुद्धि और कल्पना का गूढ़ संश्लेषण है। उसमें यथार्थ सीधे-सीधे प्रक्षेपित नहीं होता, बल्कि सृजन प्रक्रिया में मथकर सामने आता है। इसलिए कि दलित समुदाय ने शोषण और अत्याचार सहे हैं। इसी तर्क पर उन अत्याचारों और शोषण को यथार्थ के नाम पर यदि प्रस्तुत किया जाएगा तो वह साहित्य की बृहत्तर अवधारणा के विरुद्ध जाता है। दूसरी बात यह कि साहित्य का विभाजन सदैव प्रवृत्तियों के आधार पर किया जाता रहा है। जैसे-जैसे परिस्थितियाँ बदलती हैं, परिवेश बदलता है, समाज की चित्तवृत्ति में बदलाव आता है। साहित्य समाज की इस बदलती हुई चित्तवृत्ति को सर्जनात्मक अभिव्यक्ति देता है। इसलिए जैसे-जैसे चित्तवृत्तियाँ बदलती हैं, वैसे-वैसे साहित्य की प्रवृत्तियों में भी परिवर्तन होता जाता है। एक रचनाकार जब अपनी कृति को अंतिम रूप दे देता है, तब वह उसकी नहीं रहती। वह लोक की धरोहर हो जाती है। यह सही है कि बहुत बार साहित्य का विभाजन धार्मिक या वैयक्तिक दृष्टि से भी किया गया है, किंतु उसके पीछे भी अपने तर्क हैं, जिनको अनदेखा नहीं किया जा सकता। वैश्वीकरण के इस दौर में ऐसा पहली बार देखने में आ रहा है कि साहित्य के विभाजन का आधार जातियों या लिंग को बनाया जाए। आज जिस प्रकार दलित-विमर्श या स्त्री-विमर्श या आदिवासी-विमर्श की धूम है, वह दरअसल उत्तर आधुनिकतावादी की ही स्वाभाविक परिणति है, जो समग्रता में दरार डालने का एक सोचा-समझा तरीका है।

साहित्य के इतिहास में संभवतः पहली बार जातिगत आधार पर साहित्य की प्रासंगिकता का निर्धारण किया जा रहा है और दलित तथा गैर-दलित का विभाजन करके साहित्य का इस्तेमाल बपौती की तरह किया जा रहा है। ''दलित-साहित्य विमर्श में विभाजन का प्रश्न महत्त्वपूर्ण इसलिए है कि इसी से अनेक भ्रांतियाँ फैलती रही हैं। यह कहा जाता रहा है कि साहित्य या दलित-साहित्य के विभाजन का आधार 'जाति-प्रथा' नहीं हो सकता। जाति के आधार पर साहित्य का विभाजन मानवता और चिंतन की सबसे बड़ी पराजय होगी। जो भी व्यक्ति 'रचता' है, वह मानव मात्र की संवेदना का अंग बने और संवेदना मानव की जड़ताओं, क्षुद्रताओं को छोड़ने की दिशा में प्रवृत्त हों। इसलिए साहित्य में दलित-गैर दलित का विभाजन नहीं चल सकता।''[77] निस्संदेह व्यक्ति का सृजन अंततः मानवीय संवेदना का अंगीभूत हो जाता है और इस प्रकार का विभाजन साहित्य के स्वरूप को न केवल संकुचित करता है, बल्कि उसे क्षुद्र एवं संकीर्ण भी बनाता है। ''दलित-साहित्य और चिंतन को लेकर बड़ा कोलाहल सुनाई दे रहा है। कहा जा रहा है कि दलितों के द्वारा दलितों के पक्ष में लिखा जानेवाला साहित्य ही दलित-साहित्य है। जो दलित नहीं हैं और दलित-साहित्य लिख रहे हैं, वह तो मात्र 'सहानुभूति' का साहित्य है तथा इस सहानुभूति का अर्थ है, 'झूठी करुणा का नाटकीय प्रदर्शन'। इसका सीधा अर्थ यही है कि दलितों को गैर-दलितों की, जिन्हें 'ब्राह्मणवादी' कहकर कोसा जाता है, उनकी सहानुभूति नहीं चाहिए। सदियों से शोषण और अन्याय के शिकार दलित अपनी व्यथा-कथा कहने में स्वयं समर्थ हैं।''[78] सच तो यह है कि साहित्य में स्वानुभूति और सहानुभूति का प्रश्न ही बेमानी है। साहित्य सृजन न तो आत्यंतिक रूप से स्वानुभूति पर टिका होता है और न सहानुभूति पर। किसी साहित्यकार की यह इच्छा नहीं होती कि वह जो कुछ लिखे, वह उसका भोगा हुआ हो। यह आवश्यक नहीं कि यदि कोई किसान पर लिखे तो एक-दो साल खेत में जाकर हल चलाए या अगर किसी आपराधिक किस्म के चरित्र को उकेरना हो तो लेखक अपराध की दुनिया में झाँककर उसकी वास्तविकताओं को संग्रहीत करता है

और फिर साहित्य के संघटक तत्त्वों के द्वारा उसे रचना का रूप देता है, तो भोगे हुए को लिखे जाने से जुड़े दलित लेखकों के तर्क न केवल हास्यास्पद हैं, बल्कि निरर्थक भी हैं। ''दलित-साहित्य के झंडाबरदारों को समझ में आ गया है कि विभाजन ब्राह्मण साहित्य, ठाकुर साहित्य, बनिया साहित्य, शूद्र साहित्य और इन चारों का उपविभाजन अनेक विभाजनों की छीछालेदर को जन्म देगा। और यह पूरा कार्य साहित्य के मूल 'चरित्र' के ही विपरीत होगा। इसलिए आज साहित्य के 'विभाव' पर ध्यान देने की आवश्यकता है, विभाजन पर नहीं। अनेकता में एकता, भेद में अभेद, द्वैत में अद्वैत स्थापित करना ही साहित्य का उद्देश्य रहा है। इसी को 'पेमा पुनर्थो महान्' कहकर 'भात्रक' का ध्यान आकृष्ट किया जाता रहा है।''[79] विडंबना यह है कि दलित लेखक साहित्य की परंपरा से कुछ सीखने को तैयार नहीं हैं। उन्हें दलित-साहित्य के अतिरिक्त साहित्य की पूरी परंपरा न केवल व्यर्थ, बल्कि विरोधी लगती है। यदि साहित्य का कोई भी आंदोलन, चाहे उसका कद कितना भी बड़ा हो, यदि परंपरा से कट जाता है तो वह ज्यादा समय बना नहीं रहता। प्रगतिवादी साहित्य इसका जीता-जागता उदाहरण है। इसलिए दलित-साहित्य को अपनी प्रासंगिकता सिद्ध करनी है, तो उसे न केवल गैर-दलितों के द्वारा लिखे गए दलित-साहित्य से सीखना होगा, बल्कि साहित्य की पूरी परंपरा का मंथन करके उसे आत्मसात् भी करना होगा।

दलित-साहित्य जिस प्रकार विशेषीकृत होने के लिए छटपटा रहा है, उसमें प्रेमचंद को लेकर एक नई बहस छिड़ गई है। डॉ. धर्मवीर ने यदि प्रेमचंद को 'सामंत का मुंशी' माना है तो इसके पीछे उन्होंने जो तर्क दिए हैं, वे प्रेमचंद की प्रतिमा-भंजन का काम करते हैं। इस संबंध में देश निर्मोही का मानना है, ''डॉ. धर्मवीर ने प्रेमचंद के निजी जीवन और लेखन पर जो आरोप लगाए हैं, वे बेबुनियाद हैं।''[80] प्रो. कमला प्रसाद की दृष्टि में, ''इधर कुछ दलित लेखकों के आक्रामक कदमों के शिकार महात्मा गांधी और प्रेमचंद हुए हैं। तथाकथित मनुवाद से लड़ने के लिए ये आलंबन बने हैं। ये लेखक मित्र मुक्ति-संग्राम की व्याख्या में मनमानी करते हैं, इतिहास दृष्टि

के बिना इतिहास के द्वंद्वों की चर्चा करते हैं।''[81] किंतु धर्मवीर का मानना है कि दलित की समस्याओं का वर्णन करने से दलित-साहित्य का सृजन नहीं हो जाता। दलित की भूख, पीड़ा और त्रासदी के बखान में उसकी इतिश्री नहीं होती। दलित-साहित्य का असली सृजन तब होता है, जब उसमें दलित का चिंतन आता है। सारे गैर-दलित लेखक उसके इसी चिंतन से घबराते हैं। एक प्रेमचंद की अलग से क्या कही जाए, कोई भी अन्य गैर-दलित लेखक इसका अपवाद नहीं हो सकता। दलित-साहित्य उसे ही कहा जाएगा, जिसमें पारिवारिक जीवन में तलाक की अनुमति हो, स्त्री के लिए भरण-पोषण पर रोक लगे तथा जारकर्मी को जारकर्म की जिम्मेदारी से नवाजा जाए। प्रेमचंद समेत कौन सा गैर-दलित हिंदू लेखक है, जो इन बातों को सपने में भी सोच सकता है? बचाव में आकर वह कभी वेद में डुबकी लगाएगा तो कभी महाभारत में कूदना चाहेगा, लेकिन जारकर्म से बचने के लिए उसे कहीं ठौर नहीं है।''[82]...।'' इसमें कोई संदेह नहीं कि प्रेमचंद ने अपने साहित्य में दलितों की समस्याओं को पूरी गंभीरता के साथ उठाया है, किंतु यह समझना कठिन है कि धर्मवीर को प्रेमचंद के दलित लेखन में दलित चिंतन क्यों नजर नहीं आता? यह दावा अपने आपमें कतई बेमानी है कि किसी गैर-दलित लेखक ने अपने साहित्य में दलित चिंतन को अभिव्यक्ति नहीं दी। सच तो यह है कि दलित चिंतन शून्य से उत्पन्न नहीं होता। वह दलितों की समस्याओं के बीच से ही उभरता है। हम धर्मवीरजी से यह पूछना चाहते है कि कौन सा दलित लेखक ऐसा है, जिसके साहित्य में दलित चिंतन को पृथक् और विशिष्ट अभिव्यक्ति दी गई हो? सभी दलित लेखकों ने प्रायः अपने भोगे हुए यथार्थ को ही अतिभावुकतापूर्ण अभिव्यक्ति दी है। ''प्रेमचंद निश्चय ही जनमना गैर-दलित लेखक हैं, किंतु वे हिंदी के एकमात्र ऐसे लेखक हैं, जो गांधीवाद के जितने करीब हैं, उतने ही मार्क्सवाद, स्त्रीवाद और अंबेडकरवाद के भी।...प्रेमचंद ने अपने पूरे साहित्य को भारतीय जन-जीवन का गीत बनाकर उसे सामाजिक सरोकारों से सीधे जोड़ दिया। उन्होंने भारत की आत्मा किसान-मजदूरों के दुःख-दर्द को अपने साहित्य का विषय बनाया।

कथा–साहित्य में पहली बार यथार्थ को स्वीकार्य बनाया।''[83] अपने उपन्यासों में वे दलित शोषण के मूल स्रोतों को प्रामाणिकता के साथ प्रस्तुत करते हैं। 'गोदान' में दलितों के आर्थिक शोषण के कारणों और उनसे पीड़ित दलितों की व्यथा का अंकन करते हुए उन्होंने होरी से कहलवाया है, ''जमींदार तो एक ही है, मगर महाराज तीन–तीन हैं, सहुआइन अलग और मँगरू अलग तथा दातादीन पंडित अलग। किसी का ब्याज भी पूरा न चुका। जमींदार के भी आधे रुपए बाकी रह गए। सहुआइन से फिर रुपए उधार लिये तो काम चला। सब तरफ किफायत करके देख लिया, भैया कुछ नहीं होता। हमारा जन्म इसीलिए हुआ है कि अपना रक्त बहाएँ और बड़ों का घर भरें। मूल का दुगना सूद भर चुका, पर मूल ज्यों–का–त्यों सिर पर सवार है। लोग कहते हैं, खुशी–गमी में, तीरथ–बरत में हाथ बाँधकर खरच करो। मुदा रास्ता कोई नहीं दिखाता।''[84] वे शोषण से ग्रस्त दलितों की विवशता का अंकन तो करते ही हैं, किंतु इसके साथ–साथ दलितों की पीढ़ी की विद्रोह चेतना को भी रेखांकित करते हैं। 'गोदान' में गोबर कहता है, ''संसार में गऊ बनने से काम नहीं चलता। जितना दबो, उतना ही दबाते हैं। थाना–पुलिस, कचहरी–अदालत सब हैं हमारी रक्षा के लिए, लेकिन रक्षा कोई नहीं करता। चारों तरफ लूट है। जो गरीब हैं, बेकस हैं, उसकी गरदन काटने के लिए सभी तैयार रहते हैं। भगवान् न करे, कोई बेईमानी करे। यह बड़ा पाप है, लेकिन अपने हक और न्याय के लिए न लड़ना उससे भी बड़ा पाप है।''[85] शोषण के प्रति यह विद्रोह चेतना प्रेमचंद को एक बड़े दलित लेखक के रूप में स्थापित करती है। 'प्रेमाश्रम' में दलित किसानों की मार्मिक व्यथा हमें कहीं भीतर से उद्वेलित कर देती है। 'प्रेमाश्रम' में दुखहरन इस व्यथा को इन शब्दों में अभिव्यक्त करता है, ''दु:खहरन क्या जाने क्या हो गया है कि अब खेती में बरक्कत ही नहीं रही। पाँच बीघे रब्बी बोई थी, लेकिन दस मन की भी आशा नहीं है और गुड़ का तुम जानते ही हो, जो हाल हुआ। कोल्हाड़े में ही बिसेसर साह ने तौल लिया। बाल–बच्चों के लिए शीरा तक न बचा। देखें, भगवान् कैसे पार लगाते हैं!''[86] और हम 'गोदान' के अंत को कैसे भूल सकते हैं, जब

होरी का अंतिम समय है, सारे जीवन उसकी एक ही अभिलाषा थी कि घर में एक गाय हो, किंतु जी-तोड़ मेहनत करने के बाद भी वह गाय पालने में समर्थ नहीं हो पाता और जब उसका अंतिम समय आता है, तब समाज धनिया को गोदान कराने के लिए प्रेरित करता है। "गोदान की अमर क्लासिकी और गहरी अर्थ-व्यंजना को समझने की जरूरत है। इसके माध्यम से प्रेमचंद ने ब्राह्मणी व्यवस्था पर करारा व्यंग्य किया है। हिंदू समाज की यह कितनी बड़ी विडंबना है, जिस गो-सुख के लिए जीवन भर संघर्ष करता हुआ होरी मर जाता है, उसी होरी की मृत्यु पर धर्मबद्ध समाज उसकी पत्नी से गोदान करने का प्रस्ताव करता है!"[87] कोई भी व्यक्ति हिंदू समाज व्यवस्था के संदर्भ में इस प्रसंग को पढ़कर निश्चित रूप से आक्रोशित ही होगा। इसी क्रम में यदि हम उनके उपन्यास 'रंगभूमि' को देखें तो उसका कथानायक सूरदास पूरे उपन्यास में मशीनीकरण और औद्योगिकीकरण के विरुद्ध लड़ता दिखाई देता है। पूँजीपति, सामंत और उपनिवेशवादी शासन के प्रशासक सभी उसके विरुद्ध हैं, किंतु वह मरते समय भी हताश नहीं होता। उसकी पराजय उतनी ही महान् है, जितनी किसी बड़े-से-बड़े विजेता की जीत हो सकती है। यहाँ सूरदास के अंतिम शब्द ध्यान देने योग्य है, "बस-बस अब मुझे क्यों मारते हो? तुम जीते, मैं हारा। यह बाजी तुम्हारे हाथ रही, मुझसे खेलते नहीं बना। तुम मँजे हुए खिलाड़ी हो, दम नहीं उखड़ता। खिलाड़ियों को मिलाकर खेलते हो और तुम्हारा उत्साह भी खूब है। हमारा दम उखड़ जाता है, हाँफने लगते हैं और खिलाड़ियों को मिलाकर नहीं खेलते। आपस में झगड़ते हैं, गाली-गलौज, मार-पीट करते हैं। कोई किसी की नहीं मानता। तुम खेलने में निपुण हो, हम अनाड़ी हैं। बस इतना ही फरक है। तालियाँ क्यों बजाते हो, यह तो जीतनेवालों का धरम नहीं? तुम्हारा धरम तो है हमारी पीठ ठोंकना। हम हारे तो मैदान से भागे तो नहीं, रोए तो नहीं, धाँधली तो नहीं की। फिर खेलेंगे, जरा दम लेने दो, हार-हारकर तुम्हीं से खेलना सीखेंगे और एक-न-एक दिन हमारी जीत होगी, जरूर होगी।"[88]

इस प्रसंग में सूरदास जय और पराजय की भावना से ऊपर उठ गया

है। वह इस विश्व को रंगभूमि के रूप में देखता है, जहाँ सूरदास और उसके सामने पूरी व्यवस्था उसे नष्ट करने पर तुली है। वह नैतिकता और अनैतिकता के इस संग्राम को एक खेल की तरह लेता है और यह स्वीकार करता है कि व्यवस्था को अपने छल–बल से जीतना आता है; लेकिन शोषित वर्ग कमजोर है, असंगठित है, आपस में लड़ता–झगड़ता है, किंतु व्यवस्था से जुड़े खिलाड़ी सभी दाँव–पेंच जानते हैं। फिर भी सूरदास का अटल विश्वास है कि अंत में जीत दलितों और शोषितों की ही होगी। क्योंकि उनके पीछे नैतिकता का बल है। दुर्बल, शक्तिहीन, असहाय दलितों और सत्ता से जुड़े गैर–दलितों के संघर्ष की इतनी सार्थक एवं मर्मस्पर्शी व्याख्या अभी दलित लेखकों के लिए बहुत दूर की चीज है। केवल प्रचार में आने के लिए किसी बड़े साहित्यकार को गरियाना, कुछ समय के लिए तात्कालिक लाभ का कारण बन सकता है, किंतु यदि दलित–साहित्य को सही दिशा में विकसित होना है, तो उसे तथाकथित दलित चिंतकों की फतवेबाजी से हटकर प्रेमचंद से बहुत कुछ सीखना होगा।

थोड़ी चर्चा प्रेमचंद की कहानियों की भी की जाए। इन कहानियों को लेकर कुछ दलित लेखकों ने कठोर आलोचना की है और यह माना है कि इस कहानियों में उच्च जातियों के विरुद्ध संघर्ष या विरोध उसकी सतह पर तैरना चाहिए या वह उसकी अंतर्वस्तु का अंग हो। वस्तुतः इस संबंध में हमें यह देखना होगा कि साहित्य जब प्रचार के स्तर पर उतर आता है, जब उसमें आंदोलन के स्वर स्थूल रूप से मुखरित होने लगते हैं, तब वह साहित्य प्रभावी रूप से सामाजिक सरोकारों के साथ नहीं जुड़ पाता। क्योंकि दलित–साहित्य प्रतिरोध, क्षुब्धता, आक्रोश तथा घृणा से प्रेरित होकर दलित आंदोलनों की कोख से जनमा है, अतः उनका संघर्ष और विद्रोह भी उनके साहित्य में सतह पर तैरता हुआ मिलता है एवं उसको पहचानने में भी कोई मुश्किल नहीं होती; किंतु वह साहित्य की अर्थवत्ता और संवेदनशीलता की अभिव्यक्ति नहीं देता। प्रेमचंद की कहानियों में दलितों की प्रतिरोध चेतना दो स्तरों पर देखी जा सकती है। एक, जहाँ अन्याय की व्यवस्था का विरोध करते हुए

दलित पात्र प्रत्यक्ष रूप से अपनी भूमिका का निर्वाह करते हैं और दो, जहाँ ऐसा परिवेश एवं ऐसी स्थितियाँ रच दी जाती हैं, जिनसे पाठक प्रतिरोध और विरोध के उद्वेलन का अनुभव करता है। 'सद्‌गति' कहानी इन दोनों ध्रुवों के बीच दलित विमर्श को आगे बढ़ाती है। इस कहानी से दलित लेखकों को शिकायत है कि यह कहानी केवल एक दलित की असहायता और बेचारगी को रेखांकित करके रह जाती है। यदि हम इस कहानी का पाठ ध्यान से करें तो स्पष्ट होता है कि इस कहानी में प्रतिरोध की ऊष्मा अपने ढंग से मौजूद है। भूखे-प्यासे, लकड़ी चीरते 'दुखी' को देखकर चिखुरी गोंड उससे पूछता है, "कुछ खाने को मिला? कि काम ही कराना जानते हैं?" दुखी उत्तर देता है, "कैसी बात करते हो···बाम्हन की रोटी हमको पचेगी?" चिखुरी कहता है, "पचने के लिए तो पच जाएगी, पहले मिले तो! मूँछों पर ताव देकर भोजन किया और आराम से सोए। तुम्हें लकड़ी काटने का हुक्म लगा दिया। जमींदार भी कुछ खाने को देता है। हाकिम भी बेगार लेता है तो थोड़ी-बहुत मजूरी दे देता है। यह उनसे भी बढ़ गए, उस पर धर्मात्मा बनते हैं।"[89] यही नहीं चमारों द्वारा 'दुखी' की लाश न उठाने की हिदायत में भी सीधा विद्रोह है। प्रतिरोध की अभिव्यक्ति के जिस दूसरे रूप की हम चर्चा कर रहे थे, वह 'दुखी' के अंत और एक ब्राह्मण द्वारा उसे घसीटकर ठिकाने लगाए जाने का वर्णन 'दुखी' की बेचारगी का चित्रण नहीं है, बल्कि यह पाठक को हिलकोर देने, उसे उद्वेलित कर देने का एक मौलिक विकल्प है। "···दुखी के चुपचाप मर जाने और चमारों के मौन विरोध में ही वह बड़ा विद्रोह घटित हो जाता है, जिसे बड़ी-से-बड़ी क्रांति भी नहीं कर पाती। अमानवीय भय और अमंगल पर आधारित सामंती तथा ब्राह्मणी व्यवस्था चूर-चूर हो जाती है। इस व्यवस्था की गाँठ बनी लकड़ी का वह कुंदा जो न जाने कितने दिनों से पुरोहित के दरवाजे पर पड़ा है और जो प्रहार पड़ने पर भी नहीं टूट पाता, उसे दुखी का जानलेवा प्रहार अंततः दो फाँकों में चीर देता है। इन दो फाँकों और धाराओं को परोक्ष से गांधी एवं अंबेडकर की दो धाराओं के प्रतीक के रूप में भी देखा जा सकता है तथा वर्ण-व्यवस्था पर प्रबल प्रहार के रूप में भी।"[90]

वस्तुतः प्रेमचंद के दलित लेखन में गांधी और अंबेडकर इस प्रकार घुले-मिले हैं कि उनके कथा-साहित्य में इस समन्वय से एक सहज औदात्य आ गया है। 'कफन' कहानी को लेकर दलित लेखकों क मानना है कि यह कहानी दो दलित पिता-पुत्रों के निकम्मेपन और बेहयाई को रेखांकित करती है। जबकि स्थिति यह है कि उनके निकम्मेपन तथा बेहयाई के पीछे भी एक विद्रोह का विस्फोट छिपा हुआ है। कठोर परिश्रम करने के बाद भी निर्धनता से पीछा न छूटने की विडंबना से वे अवगत हैं, इसलिए वे पूरी शोषक व्यंवस्था से विद्रोह करके निकम्मेपन पर उतरते हैं। 'दूध का कर्ज' कहानी में वह प्रसंग महत्त्वपूर्ण है, जहाँ सुरेश और एक दलित बालक मंगल घोड़े तथा सवार का खेल खेलते हैं। मंगल वह बालक है, जिसकी माँ के दूध से सवर्ण बालक सुरेश पलकर बड़ा हुआ है। घोड़े और सवार के खेल में सुरेश मंगल को बराबर घोड़ा बनाए रखता है। तभी मंगल प्रश्न करता है, "मैं बराबर घोड़ा ही रहूँगा या सवारी भी करूँगा, यह तो बता दो?"[91] "यही वह प्रश्न है, जिसे दलित-चेतना पूरी समाज-व्यवस्था पर उठाती है। दलित केवल सेवा ही करता रहेगा, उसे सेवा लेने का कोई हक नहीं है? प्रेमचंद यहाँ इस सामाजिक मिथक को चुनौती भी देते हैं और परिवर्तन का नया सूत्र भी गढ़ते हैं। मंगल की विद्रोही चेतना के रूप में प्रेमचंद कहानी का अंतिम वाक्य लिखते हैं, 'लोग कहते हैं, दूध का दाम कोई चुका नहीं सकता और मुझे दूध का दाम मिल रहा है।' "[92] 'ठाकुर का कुआँ' में गांगी के द्वारा ठाकुर के कुएँ से पानी लाने के सारे प्रयत्नों के विफल होने के बाद जोखू अंततः गंदा पानी पीने को विवश होता है। दलित लेखक दलित प्रतिरोध के अभाव में इसे दलित कहानी मानने से इनकार करते हैं। "किंतु गांगी के मन में उठनेवाले द्वंद्व, भय, आशंका और असंतोष तथा बीमार जोखू का सड़ा पानी पीना, दलित-जीवन की त्रासद पीड़ा की वह तसवीर पेश करती है, जिससे पाठकों के मन में छुआछूत जैसी क्रूर और अमानवीय-व्यवस्था के प्रति स्वतः विद्रोह भाव जग उठता है। अस्पृश्यता की यह हृदयविदारक अमानवीय-त्रासदी अंबेडकर के 'पानी भरो' आंदोलन की

सच्चाई को समझने के लिए काफी है।''[93]

हमने प्रेमचंद के उन प्रमुख उपन्यासों और कहानियों की संक्षिप्त पड़ताल की। इसका उद्देश्य प्रेमचंद के दलित लेखन को महान् ठहराना नहीं है, बल्कि हम कहना चाहते हैं कि प्रेमचंद के दलित लेखन से आज की बदली हुई परिस्थितियों में मतभेद हो सकते हैं, किंतु इसका आशय यह नहीं कि अति उत्साह में हम उनके दलित लेखन को रद्द करने की कोशिश करें। किसी लकीर के आगे बड़ी लकीर खींचकर ही अपनी लकीर को बड़ा सिद्ध किया जा सकता है, पहली लकीर को मिटाकर नहीं। यदि दलित–साहित्य को काल की कसौटी पर खरा उतरना है तो उसे परंपरा से संवाद करना ही होगा। निस्संदेह आज बाजारवाद के दौर में दलित–विमर्श बिकाऊ है, किंतु यदि उसने परंपरा से नाता तोड़ लिया और उसमें प्रचार तथा आंदोलन की प्रतिध्वनियाँ गूँजती रहीं तो उसे हाशिए पर आने के लिए भी तैयार रहना चाहिए। दलित–साहित्य की परंपरा को समृद्ध बनाने के लिए हमें अब दलित और गैर–दलित की अवसरवादी राजनीति को बंद कर देना चाहिए। जो साहित्य, चाहे उसे कोई भी लिखे, यदि वह दलित–चेतना का संवाहक है तो उसे मुक्त हृदय से स्वीकार करना चाहिए। प्रेमचंद दलित लेखकों के लिए इस दृष्टि से भी पठनीय होने चाहिए।

(iv) पाठकीय सहभागिता की समस्या

पहले हमने प्रश्न उठाया था कि जेनुइन दलित लेखक कौन हैं? और तमाम दलित चिंतकों, दलित–साहित्यकारों के विचारों की पड़ताल के बाद हम इस निष्कर्ष पर पहुँचे हैं कि जेनुइन दलित लेखक का प्रश्न दलित और गैर–दलित लेखकों के बीच विभाजन से जोड़ दिया गया है तथा यह विभाजन या ऐसा किसी प्रकार का विभाजन साहित्य की प्रगति के लिए अहितकर है। किंतु यहीं से हमारे सामने एक नया प्रश्न उठ खड़ा होता है कि दलित–साहित्य किसके लिए लिखा जा रहा है? वर्तमान में अथवा भविष्य में कौन उसे पढ़ेगा? दलित लेखकों ने जिस हड़बड़ी में दलित और गैर–दलित

लेखकों का विभाजन करके गैर-दलित लेखकों के प्रति उदासीनता प्रदर्शित की है, उसका एक फलितार्थ यह निकाला जा सकता है कि दलित-साहित्य केवल दलित पाठकों के लिए ही है। यदि गैर-दलित पाठक इस साहित्य को पढ़ते हैं तो उस पठनीयता से वे सीधे-सीधे जुड़ना नहीं चाहते। उन्हें इस बात का विश्वास है कि बहुसंख्यक दलित पाठकों के बल पर वे दलित-साहित्य की धारा को शेष समाज से अलग कर सकते हैं। एक महत्त्वपूर्ण तथ्य यह भी है कि संभवत: दलित लेखकों की दृष्टि में अपने पाठकों का कोई बिंब ही नहीं है। जब वे दलित-साहित्य की रचना करते हैं तो उनके सामने समूचे दलित समाज का बिंब होता है। वे अपने पाठकों की आवश्यकतानुसार नहीं लिखते, बल्कि अपने समाज को प्रेरित और उद्वेलित करने के लिए लिखते हैं। "दलित लेखक अपने पाठकों की अपेक्षा अपने समाज का प्रश्न महत्त्वपूर्ण मानता है। वह अपनी अनुभूति, अपने साहित्य में व्यक्त करता है। वह नगर पाठकों को ध्यान में रखकर अपने साहित्य का सृजन नहीं करता। उसकी कोशिश तो रसिकों को ही अपने अनुभव के स्तर पर ले जाने की होती है, जिसके कारण रसिकगामी सौंदर्यशास्त्र यहाँ कुछ कम पड़ता है।"[94] इसमें कोई संदेह नहीं कि दलित लेखक के लिए अपने समाज का प्रश्न सबसे महत्त्वपूर्ण है, क्योंकि यह साहित्य आंदोलन की कोख से उत्पन्न हुआ है, अत: इसके सृजन का लक्ष्य भी दलितों में अपने अधिकारों के लिए आंदोलन का ज्वार उठाना है, किंतु लिंबाले जब दलित पाठकों और नागर पाठकों (रसिक) का विभाजन करते हैं तो बात समझ में नहीं आती। एक पाठक की आधारभूत विशेषताएँ होती हैं—व्यापक मानवीय संवेदनशीलता और गहरी सहानुभूति। यह गहरी सहानुभूति रचना के प्रति भी होती है, रचनाकार के प्रति भी और साथ-साथ रचना के निहित उद्देश्यों के प्रति भी। एक दलित पाठक भी किसी विशेष परिस्थिति या कारण से एक विशेष मन:स्थिति में रसिक हो सकता है और जिसे लिंबाले 'नागर पाठक' कहते हैं, वह उन्हीं कारणों से गहरी मानवीय सहानुभूति से उद्वेलित हो सकता है। रसिकता और गैर-रसिकता मानसिकता नहीं, बल्कि परिवेश एवं परिस्थिति के अनुसार

मन:स्थितियों का बदलाव है। लिंबाले की यह बात बहुत महत्त्वपूर्ण है कि दलित लेखक अपनी सर्जनात्मक क्षमता के बल पर अन्य पाठकों को भी उस व्यापक अनुभव में हिस्सेदार बनाता है। भारतीय काव्यशास्त्र में साधारणीकरण वस्तुत: पाठक की मन:स्थितियों के विभिन्न विकल्पों का संप्रेषणीयता की दृष्टि से समाधान है। चाहे आलंबनत्व धर्म का साधारणीकरण हो या विभावादि का अथवा कवि की अनुभूति का, साधारणीकरण बद्ध भावों की मुक्तावस्था या भाव से महाभाव की ओर जाने के विकल्प प्रस्तुत करता है। लिंबाले भले ही भारतीय काव्यशास्त्र की शब्दावली से परहेज करते हों, किंतु वे अंतत: अनुभूति के व्यापक धरातल पर इस विभाजन को नकार देते हैं। दलित लेखन अधिक-से-अधिक पाठकों तक पहुँचे, इसके लिए लिंबाले ने विस्तार से बात की है। वे मानते हैं, ''दलित लेखक को सबसे पहले अपनी प्रेरणा से एकरूप होना पड़ेगा। जिस प्रेरणा से वह लिखता है, वह प्रेरणा और उसका अनुभव साहित्य में व्यक्त करने के लिए उसे साहित्य की 'समृद्धि प्रतीत होना' महत्त्वपूर्ण है। दलित लेखक का साहित्य पढ़नेवाले पाठक का दलित लेखक की प्रेरणा से जितना गहरा रिश्ता होगा, उतनी ही वह कलाकृति उसे अच्छी लगेगी। कलाकार, कलाकृति और पाठक, ये तीनों घटक अत्यंत महत्त्वपूर्ण हैं। कलाकार का समग्र व्यक्तित्व कलाकृति में प्रतिबिंबित होता है और पाठक का समग्र व्यक्तित्व कलाकार की कलाकृति में प्रतिबिंबित व्यक्तित्व से एकरूप होता है। कलाकार और पाठक ये दोनों 'कलाकृति' में एक होते हैं। उनका यह मिलन उनकी समानधर्मिता पर निर्भर होता है। दलित लेखक का अनुभव जितनी तीव्रता से दलित पाठक को अपना लगेगा, उतनी तीव्रता से दलितेतर पाठक को नहीं लगेगा, क्योंकि दलित लेखक का अनुभव दलित पाठक के जीवन का नित्य अंग है। यह भी ध्यान में रहे कि यह सच है कि दलित-साहित्य का सौंदर्य-विधान सामान्य-विधान नहीं हो सकता, लेकिन दलित-साहित्य में व्यक्त होनेवाली 'अंबेडकरी प्रेरणा' सामान्य विधान हो सकती है।''[95] इन विचारों पर हमें अनेक दृष्टियों से सोचना होगा। पहली बात तो यह कि दलित लेखक जब तक अपनी अंत:प्रेरणाओं से दूरी बनाए

रखेगा, तब तक सार्थक साहित्य का सृजन नहीं कर सकता। दलित-साहित्य का परिमाण की दृष्टि से महत्त्वपूर्ण होना ही पर्याप्त नहीं है, बल्कि उसका समृद्ध होना भी महत्त्वपूर्ण है। दलित-साहित्य के पाठकों का रचनाकार की प्रेरणा से जितना गहरा संबंध होगा, वह कृति पाठकों को उतनी ही रुचिकर लगेगी। लिंबाले ने जिस प्रकार कलाकार, कलाकृति और पाठक इन तीन घटों को समान रूप से महत्त्वपूर्ण माना है, उसे भारतीय आचार्यों ने भी पूरा समर्थन दिया है। उनकी यह बात महत्त्वपूर्ण है कि कलाकार अपनी कृति में प्रतिबिंबित होता है और पाठक का व्यक्तित्व लेखक के प्रतिबिंबित व्यक्तित्व से अभेदता स्थापित कर लेता है, किंतु उनकी इस बात से सहमति व्यक्त नहीं की जा सकती कि दलित लेखक का अनुभव दलित और दलितेतर पाठकों पर अलग-अलग पड़ता है; क्योंकि दोनों यथार्थ को सीधा-सीधा ग्रहण नहीं कर रहे। इस स्थिति में यह प्रभाव अलग-अलग होता, किंतु वे यथार्थजन्य अनुभूति को ग्रहण करते हैं और अनुभूति बिना किसी विभाजन के समान स्तर पर एक सा प्रभाव छोड़ती है।

जब हम दलित-साहित्य के संदर्भ में पाठकीय सहभागिता की चर्चा करते हैं, तो एक और प्रश्न उभरकर आता है कि क्या अलग-अलग वर्गों, जातियों, समुदायों में साहित्य के उद्देश्य भिन्न-भिन्न हो सकते हैं? हम यह प्रश्न साहित्य के स्तर-भेद की दृष्टि से नहीं उठा रहे। घटिया और उत्कृष्ट साहित्य में उद्देश्य-भेद हो सकता है, बल्कि होता ही है। यहाँ बात सार्थक-साहित्य की की जा रही है। क्या सार्थक-साहित्य के उद्देश्य जाति, वर्ग या समुदाय में विभाजित हो जाते हैं? इस प्रश्न का उत्तर हरिराम मीणा ने अपने तरीके से देने की कोशिश की है। उनका मानना है, ''दलित-साहित्य जिनके लिए लिखा जा रहा है, वहाँ तक वह साहित्य कितना पहुँच पा रहा है, यह सर्वविदित है। दलित-साहित्य भद्र साहित्य की तरह स्वांतः सुखाय या फैशनेबल अथवा साहित्य से जुड़े लोगों के बीच ही चर्चा का विषय बनकर रह जाए, तब तो दलित लेखकों को कलम की क्रांति से आगे सड़कों पर उतरना या दलितों को संगठित होकर अपने अधिकारों के लिए लड़ने के

लिए प्रेरित करना होगा, तभी इसकी पूरी सार्थकता हो पाएगी। अब जबकि दलित–साहित्य ने एक तरह से अपनी पहचान बना ली है, तो इसे अन्य ज्ञानानुशासनों, संस्कृति के उपांगों, व्यापक पत्रकारिता, इलेक्ट्रॉनिक मीडिया तक जाना होगा, तभी दलित–साहित्यकारों की बात आम दलित जन तक पहुँचने में सफल हो सकेगी।''[96] जिस आंदोलनपरक भाषा में मीणा दलित–साहित्य को अपने अधिकारों के प्रति लड़ने का माध्यम मानते हैं, वह दलित–साहित्य को न गहराई देता है और न बहुस्तरीयता प्रदान करता है। कोई भी साहित्य आत्यंतिक रूप से आंदोलनों की पृष्ठभूमि नहीं बन सकता। यह सही है कि दलित–साहित्य–व्यवस्था में बदलाव के लिए दलित समाज को प्रेरित करे, क्योंकि उद्‌देश्य ही स्वरूप का निर्धारण करता है, अतः यदि आंदोलनों के लिए प्रेरित करना ही दलित–साहित्य का उद्‌देश्य मान लिया जाएगा, तो निश्चय ही इससे दलित–साहित्य का स्तर गिरेगा और जिस अनुपात में दलित–साहित्य आंदोलनों की प्रकृति के अनुरूप लिखा जाएगा, वैसे–वैसे उसकी पठनीयता भी घटेगी। सच तो यह है कि ''दलित लेखक इसी दुविधा में फँसा है कि उसे सोलहवीं सदी की समाज–व्यवस्था से लड़ना है कि इक्कीसवीं सदी के चैलेंजों से भिड़ना है? अभी तक तो हमारे पाठक सीमित थे। एक भाषा, एक प्रांत के थे, लेकिन अब हमारा साहित्य दुनिया की कई भाषाओं में अनूदित हो रहा है। धीरे–धीरे इसके लोग दलित–साहित्य के प्रति आकर्षित हो रहे हैं। अब केवल दलित समाज ही पाठक नहीं है, दूसरे लोग भी पाठक बन रहे हैं। इस ओर विशेष ध्यान देने की जरूरत है कि दलित–साहित्य पूरे भारत का साहित्य है। दलित लेखक को अपनी जाति से बाहर निकलकर अन्य जातियों/उपजातियों की पीड़ा व्यक्त करनी होगी।''[97] वस्तुतः हमें दलित–साहित्य पर व्यापक परिप्रेक्ष्य से चिंतन करना होगा। कोई भी साहित्य जब प्रारंभिक अवस्था में होता है, तब अति उत्साह के वातावरण में हम बहुत से प्रश्नों और संदर्भों को सतही रूप में देखते हैं, किंतु जैसे–जैसे रचना–कर्म और साहित्य चिंतन में व्यापकता एवं गहराई आती है, वैसे–वैसे सृजन तथा चिंतन के अनेक व्यापक परिप्रेक्ष्य

उभरकर सामने आते हैं। दलित लेखन आज उस स्थिति में है, जहाँ उसे यह चिंता करने की आवश्यकता नहीं है कि उसका लेखक दलित है या गैर-दलित या उसका पाठक दलित जातियों से है या सवर्ण जातियों से। दलित-साहित्य की पठनीयता की अब कोई सीमा नहीं है और यह सीमा बाँधनी भी नहीं चाहिए। यह वैश्वीकरण का दौर है, जहाँ समूचे सामाजिक, राजनीतिक व्यवस्था पर बाजार किसी अजगर की तरह पसर गया है। यह बाजार सबसे पहले दलितों, शोषितों और पीड़ितों को हाशिये पर धकेलता है, क्योंकि ये उसके उपभोक्ता नहीं हैं। यदि दलित-साहित्यकारों को अपनी अस्मिता बचाए रखने के लिए इस बाजारवाद का प्रतिरोध करना है, तो उन्हें दलित-साहित्य को व्यापक और मानवीय परिप्रेक्ष्य देना ही होगा।

(v) मीडिया के हाशिए पर दलित-साहित्य

जिस दौर में हम रह रहे हैं, यह ग्लोबल दुनिया का दौर है। यह वह समय है, जब परंपरा, आदर्श, अस्मिता, सत्ता, सामाजिक सरोकार इन सबसे बड़ा कद बाजार और पूँजीवादी शक्तियों का है। जो बिकता है, वही प्रासंगिक है, जो नहीं बिकता, वही हाशिए पर है। बिकता वही है, जिसकी अधिकाधिक लोगों में माँग है और हाशिये पर वह है, जो इस ग्लोबल ग्लैमर की दुनिया से दूर, किसी अँधेरे कोने में अपने दिन काट रहा है। यह आश्चर्य का विषय है कि बाजार ने हमारे परिवेश पर ही नहीं, हमारी चेतना पर भी नियंत्रण कर लिया है। छठे और सातवें दशक में बाजार उपस्थित था, मगर इसके बावजूद हम अपनी अस्मिता को अलग से महसूस कर पाते थे। बाजार लुभाता अवश्य था, किंतु हम एक हद तक उसके आर-पार देखकर उसकी सकारात्मक और नकारात्मक क्षमताओं को देख और महसूस कर सकते थे। आज स्थिति यह है कि बाजार ने न केवल हमारी बोलने की शक्ति छीन ली है, बल्कि अब सही परिप्रेक्ष्य में देखना भी संभव नहीं रहा। बहुत समय पहले ऐडिथ सिटवेल ने लिखा था, "जीवित अंधे और द्रष्टा मुरदे एक साथ पड़े हुए हैं।" तब उसका अर्थ हमें यह समझ में आता था कि जो शक्तिशाली हैं, उनके पास

विवेक-दृष्टि नहीं है और जो विवेक-दृष्टि से संपन्न हैं, उनके पास कुछ कर पाने की क्षमता नहीं है। दशकों बाद इस पंक्ति का अर्थ अब पूरी तरह से बदल गया है। अब बाजार शक्तिशाली तो है, किंतु ऊँचा नहीं है। वह अपने जटिल तंत्र का पूरा उपयोग करके पूँजी का प्राण-रस ग्रहण करते हुए और शक्तिशाली बनता जा रहा है, उसकी आँखें भस्मासुर की आँखें हैं, किंतु उनमें अवसरवाद का एक लेंस भी लगा हुआ है। इस लेंस से वह जिसे भी देखता है, वह बिकाऊ जिंस में बदल जाता है। जब इस लेंस को हटाकर अपने विरोधियों को देखता है तो वे अनायास ही हाशिये पर चले जाते हैं। सिटवेल ने जिन मुरदों को दृष्टा कहा था, वह मनुष्य से उपभोक्ता बनता हुआ वर्ग है, जो चेतना-शून्य होकर मनोरंजन, सनसनी और ऐंद्रिय सुख के लिए बाजार की दिशा में भागा जा रहा है। हाँ, इस अर्थ में उसे मुरदा कह सकते हैं कि बाजार ने उसे पूरी तरह से प्रतिरोध-शून्य कर दिया है, किंतु विडंबना यह भी है कि अब उसके पास बाजार का प्रतिरोध करने के लिए कोई दृष्टि भी नहीं है।

प्रश्न यह है कि बाजार को यह सर्वग्रासी और सर्वशक्तिशाली रूप देने में सबसे बड़ी भूमिका किसकी है? दरअसल मीडिया ही वह शक्ति है, जो बाजार की सत्ता को अजेय बनाए रखता है। बाजार जो सोचता है, जो कहना चाहता है, जो समझता है, जो समझाना चाहता है, उसके लिए वह मीडिया का कारगर उपयोग करता है। यों तो मीडिया स्वयं एक बिकाऊ जिंस है, किंतु वह अपनी रणनीति के तहत बाजार द्वारा इस्तेमाल तो होता ही है, स्वयं बाजार का इस्तेमाल भी करता है। इस इस्तेमाल करने और इस्तेमाल होने के बीच जब हम मीडिया को दलित समुदाय के साथ रखकर देखते हैं तो एक विचित्र और निराशापूर्ण परिदृश्य सामने आता है। वहाँ दलित वर्ग पूरी तरह से उपेक्षित है। अगर कहीं भूल से उसका चित्रण किया भी गया है तो प्रमुखता नहीं दी गई, एक समय था जब हमारे फिल्म निर्माताओं ने प्रगतिशील चेतना से प्रेरित होकर 'अछूत कन्या', 'दो बीघा जमीन', 'पार', 'अंकुर', 'गुलामी' आदि फिल्मों में दलित समुदाय की यातना को प्रभावपूर्ण अभिव्यक्ति

दी थी और दर्शकों ने भी ऐसी फिल्मों को सिर-माथे लिया, किंतु धीरे-धीरे मसाला फिल्मों का दौर आने पर दलित वर्ग फिल्मों के दायरे से बाहर होता चला गया। आज के इस ग्लोबल दौर में दलितों की दुनिया में उपस्थित प्रतीक, संस्कार, रीति-रिवाज, धर्म, मूल्य आदि को लगातार चमकदार चीजों में बदलकर उनका व्यावसायीकरण किया जा रहा है। "इधर फैशन इंडस्ट्री का एक बड़ा व्यापार इस दुनिया के सौंदर्य को लगातार उत्पाद की शक्ल में रिड्यूस कर रहा है। उत्पाद के इस माया जगत् में दलित युवतियों का लोक पहनावा, जेवर, निर्मल हँसी, पुष्ट देह की छवियाँ हैं। विज्ञापनों के जरिए ये छवियाँ सेटेलाइट पर सवार होकर दूरदराज के इलाकों में अपने ब्रांड बेचने के उपयोग में लाई जा रही हैं। मानो दलितों की दुनिया संपन्न और प्रसन्न हो तथा अभावों से मुक्त। मीडिया की आँखें बाजार के दबाव में वह दुःख-दर्द देखना ही नहीं चाहतीं, जिसमें बाजार के हितों पर चोट हो। दलितों के इस सजे-धजे रूप को दिखाने में जो अनवरतता है, वह उनके अँधेरों को दिखाने में नगण्य फिल्मों के जरिए हॉलीवुड ने जिस तरह लगातार इन्हें असभ्य, अशिक्षित और बर्बर दिखाते हुए अपनी 'कास्ट और कलर सुप्रीमेसी' को स्थापित किया, वह सिलसिला टेलीविजन में भी बदस्तूर जारी है।"[78] "यह एक वास्तविकता है कि दलितों के वास्तविक यथार्थ को मीडिया इसलिए प्रक्षेपित नहीं कर पाता, क्योंकि वह बिकाऊ नहीं है। वह दलितों की ऐसी छवि गढ़ता है, जो दर्शकों को मनोरंजन की सामग्री सुलभ करा सके।" आज तमाम टी.वी. चैनल अधिकतर दलितों के साथ हो रही बर्बरताओं, जैसे उनकी हत्याएँ, स्त्रियों के साथ बलात्कार और नंगा करके घुमाए जाने को प्रमुखता से दिखाते हैं। दरअसल, ये कृत्य मीडिया के लिए ऐसे बिंब हैं, जो उनमें सनसनीवाले स्वभाव को पुष्ट करते हैं। समाचार भी इस तरह बनाए जाते हैं कि दर्शक के मन में क्रोध और घृणा की जगह मात्र एक सनसनी का भाव जाग पाए। दर्शकों के लिए कोई 'फॉलो अप' स्टोरी कभी तैयार नहीं की जाती। वे एक इसी तरह का समाज चाहते हैं कि ऐसी घटनाएँ होती रहें और उन्हें चैनल का पेट भरने के लिए मसाला मिलता रहे।"[79] वस्तुतः

दलित प्रसंगों को उभारने के पीछे मीडिया किसी प्रकार के नैतिक-लक्ष्य को अपने ध्यान में नहीं रखता, बल्कि वह इनके माध्यम से उपभोक्ताओं को या तो मनोरंजन से गुदगुदाना चाहता है या सनसनी उत्पन्न करके उन्हें 'शॉक' देना चाहता है। वह दलित समुदाय, जो शोषित है, अपमानित है, जो गरीबी और घृणा को झेलते-झेलते समाज की एक नंगी वास्तविकता बन गया है, उससे मीडिया कोसों दूर है। ''जनसामान्य में ही दलितों और आदिवासियों की 90 प्रतिशत से अधिक की जनसंख्या है, जो मीडिया के शेड्यूल से दूर जा पड़ती है। दरअसल अभाव, दैन्य, भूख, गरीबी आदि में आकंठ डूबे चेहरे चैनल को ऐस्थेटिक व्यूह-रचना (कलर स्क्रीम, पैकेजिंग) को धक्का पहुँचाते हैं। देखना चहिए कि इस व्यूह-रचना में जो लाखों रुपए लगाए गए हैं, उनका सीधा उद्‌देश्य बाजार से पैसा उगाहना है। क्लाइंट की इच्छाओं के मुताबिक की गई इस व्यूह-रचना में लुटे-पिटे चेहरे, भूख से मरते लोग, गरीबी की छवियाँ आदि चैनल व्यवसाय को धक्का पहुँचाती हैं। यही वजह है कि लोक सेवा प्रसारक चैनलों पर भी दलितों का यथार्थ सिरे से उस रूप में गायब रहता है, जिस रूप में हकीकी तौर पर वह होता है।''[100]

यह एक वास्तविकता है कि जो पैसा बाजार के झंडाबरदार मीडिया पर लगाते हैं, वही कई गुना लाभ के साथ लौटे, उसके लिए वे तो पूरी तरह सजग रहते ही हैं, मीडिया भी इस संबंध में कोई कोताही नहीं बरतता। टेलीविजन, जो भारतीय परिवारों में सर्वाधिक लोकप्रिय माध्यम है, उसके नियंताओं की एकमात्र चिंता यह है कि कहीं उनकी टी.आर.पी. घट न जाए! दलित समुदाय की वास्तविकता दिखाने में उन्हें अपनी टी.आर.पी. घटने की चिंता रहती है, अतः वे दलित समुदाय की वास्तविकताओं से कन्नी काटकर निकल जाते हैं। ''दिलचस्प यह है कि नगरों में पीपुल मीटर मध्य या उच्च मध्य वर्ग के घरों में स्थापित है। वे जिन कार्यक्रमों को देखते हैं, उनमें दलितों के प्रति न कोई सहानुभूति है, न कोई कार्यक्रम। सो यह तय है कि उनकी कोई टी.आर.पी. नहीं बनेगी। जब टी.आर.पी. के आँकड़ों में शून्य है तो कोई भी टेलीविजन दलितों की न्यूज स्टोरी को कितना और क्यों दिखाएगा?

अधिक-से-अधिक एक निष्पक्ष चेहरे और छवि के लिए एक योजना के तहत वह दलितों से संबंधित कुछ ऐसा फुटेज दिखाएगा, जो उसके व्यावसायिक हितों में रोड़े के बीच उनकी टी.आर.पी. बढ़ा सके। वस्तुत: टी.आर.पी. ही उनके लिए विज्ञापन राशि दिलाता है, न कि दलितों का यथार्थ। सो विज्ञापन राशि के इस संजाल को समझने के बाद यह सच मान लेना चाहिए कि जब तक दलितों का यथार्थ एक उत्पाद की जगह नहीं घेरता, मीडिया को उसमें न कोई दिलचस्पी है, न उनके प्रोग्राम कंटेंट की जरूरत।''[101]

यहाँ तक हमने मीडिया में दलितों की स्थिति पर विचार किया। अब हमें यह देखना है कि दलित-साहित्य ने मीडिया को किस हद तक प्रभावित किया है या मीडिया किस सीमा तक दलित-साहित्य से प्रेरित और प्रभावित रहा है? इस संबंध में हमें सबसे पहले दलित-साहित्य की अंत:प्रकृति पर बात करनी होगी। दरअसल, दलित-साहित्य दलित-चेतना का ही साहित्यिक संस्करण है। भारतीय नव जागरण में जिस प्रकार दलितोद्धार के लिए सामाजिक आंदोलन चलाए गए, वे वैचारिक से अधिक रचनात्मक थे। स्वामी अछूतानंद, पेरियार, महात्मा ज्योतिबा फुले आदि ने दलित समाज का संघटन करके दलित आंदोलन को एक व्यापक जनाधार दिया। भारतीय स्वतंत्रता संग्राम के दौर में बाबा साहेब भीमराव अंबेडकर ने अपने चिंतन और रचनात्मक आंदोलनों के द्वारा दलित-चेतना को सवर्णों के अत्याचारों के प्रतिरोध की शक्ति प्रदान की। बाद में कांशीराम ने 'बामसेफ' के गठन द्वारा दलित-चेतना की अस्मिता को पैनापन दिया और दलितों की सत्ता में भागेदारी का पथ प्रशस्त किया। इसी समय दलित लेखन का भी सूत्रपात हुआ। आवश्यकता इस बात की थी कि दलित आंदोलन और दलित लेखन के बीच एक ऐसा अंतराल होता, जो आंदोलन की आक्रामकता को परिशमित करता हुआ इस लेखन को अधिक गंभीर और प्रौढ़ बनाने का पथ प्रशस्त करता। विडंबना यह है कि दलित-साहित्य सीधा दलित आंदोलन की कोख से निकला। इसका परिणाम यह हुआ कि दलित लेखन में सर्जनात्मकता का स्थान आक्रामकता ने ले लिया और बहुत से दलित लेखक इस लेखन का उद्देश्य दलितों को आंदोलन के

लिए प्रेरित करना मानने लगे। आज दलित–साहित्य जिस रूप में हमारे सामने मौजूद है, वह अभी मीडिया की जद से बाहर है। मुद्रित माध्यमों में तो दलित–साहित्य को लेकर विमर्श हुआ है। एक हद तक इस साहित्य को सराहा भी गया है, कुछ लेखकों ने इसकी सीमाएँ भी स्पष्ट की हैं। किंतु जहाँ तक दृश्य माध्यमों का संबंध है, अभी इस साहित्य को उचित महत्त्व नहीं मिल पाया है। इसका एक कारण तो हम पहले ही स्पष्ट कर चुके हैं कि यह मीडिया बाजार के तंत्र से संचालित होता है। इसके सारे कार्यक्रमों को टी.आर.पी. नियंत्रित करती है। दलित लेखक इस दृष्टि से भी क्षुब्ध हो सकते हैं कि जिस प्रकार सवर्ण वर्ग अपने जातीय दंभ के कारण उनकी उपेक्षा करता है, उसी प्रकार अपने अहंकार के कारण उनका नोटिस नहीं लेता। कुछ दलित चिंतकों ने तो मीडिया को भी स्वर्ण घोषित कर दिया है। वे यह मानते हैं कि मीडिया में तथाकथित उच्च जातियों का वर्चस्व है, अतः वहाँ उनके साहित्य की उपेक्षा की जाती है। यह बात एक हद तक सही भी है कि मीडिया जान–बूझकर दलित–साहित्य को हाशिये पर रखता है। बहुत संभव है कि इसका कारण छिपा हुआ जातीय अहंकार भी हो, किंतु दलित–साहित्यकारों को भी मीडिया से जुड़ने के लिए आत्ममंथन करना होगा। इस कटु वास्तविकता से वे भाग नहीं सकते। बाजार हमारे सारे सामाजिक सरोकारों को अपने ढंग से संचालित करने की कोशिश करता है और मीडिया इस कोशिश को अंजाम देने में महत्त्वपूर्ण भूमिका निभाता है। इस पूरे तंत्र में दलित–साहित्यकारों को अपनी चेतना के बल पर बाजार और मीडिया को बदलने की कोशिश तो करनी ही चाहिए, किंतु इसके साथ–साथ उन्हें अपने साहित्य के बल पर एक हद तक स्वयं को बाजार एवं मीडिया के अनुकूल भी बनाना होगा। वस्तुतः वैश्वीकरण एक ऐसी आँधी है, जिसमें पैर जमाकर चलना हमारा कर्तव्य है और आँधी के साथ–साथ चलना हमारी विवशता। हमें कर्तव्य और विवशता दोनों का निर्वाह करना होगा। एक ओर हमें दलित–साहित्य की चेतना को प्रौढ़तर बनाने के साथ–साथ उसकी कलात्मक चेतना का परिष्कार करना होगा और दूसरी ओर उसमें कुछ ऐसे तत्त्वों का समावेश

भी करना होगा, जो मीडिया एवं रचनाधर्मिता के बीच एक संतुलन कायम कर सकें । यह बात भले ही इस समय दलित लेखकों के गले न उतरे, किंतु यदि दलित-साहित्य के माध्यम से दलित-चेतना को समाज और देश के सामने प्रस्तुत करना है, उसको अधिकाधिक संप्रेषणीय बनाना है तो दलित को एक हद तक अपने स्वरूप में रूपांतरण करना होगा।

दलित-साहित्य : सही दिशा

हमने दलित-साहित्य की पड़ताल करते हुए यह देखा कि वह भारतीय साहित्य की परंपरा से कई अर्थों में भिन्न है। एक तो यह है कि वह कभी भी सत्ता-विमर्श पर आधारित नहीं रहा। जिस प्रकार भक्तिकाल का अधिकांश साहित्य सत्ता विमर्श के विपरीत ध्रुव पर खड़ा था, ठीक उसी प्रकार आज दलित-साहित्य भी सत्ता और तंत्र के पूरी तरह विरुद्ध है, किंतु भक्तिकालीन साहित्य जहाँ सामाजिक सामरस्य और समन्वय की धुरी पर टिका था, वहाँ दलित-साहित्य सवर्ण समाज के शोषण, अत्याचारों तथा घृणा की प्रतिक्रिया से जनमा है। दूसरे शब्दों में कहें तो सवर्ण समाज का दलितों के प्रति नकारात्मक रुख कारण है और दलित-साहित्य उसकी परिणति। भारतीय नवजागरण काल से बीसवीं सदी के अंतिम दशक तक दलित समाज के भीतर से जो आंदोलन उठे, उसकी साहित्यिक परिणति दलित-साहित्य में देखी जा सकती है। इसी का यह परिणाम है कि दलित-साहित्य में भी वह विस्तार और गहराई नहीं आ पाई है, जो साहित्य के किसी भी बड़े आंदोलन के लिए अपेक्षित होती है।

दलित-साहित्य के सम्मुख दो ऐसी चुनौतियाँ मौजूद हैं, जिन पर दलित-साहित्य का भविष्य निर्भर करता है। पहली चुनौती दलित-साहित्य के प्रतिमान निर्धारित करने की है, जिसके बिना दलित-साहित्य लेखन की परंपरा में स्तरीय-निरंतरता नहीं आ सकती। भले ही साहित्य की स्थापित परंपराओं से अलग होने का दावा करके दलित-साहित्य के प्रतिमान उसी में से खोजने के प्रयत्न किए जाए, किंतु इससे दलित-साहित्य को न घनत्व मिल सकता है,

न विस्तार। किसी भी साहित्य को अपने प्रतिमान बनाने के लिए साहित्य की पूर्वोपलब्ध परंपराओं से संवाद करना होता है। इस संवाद में आप परंपराओं के बहुत से बिंदुओं पर असहमत हो सकते हैं, किंतु साहित्य की समस्त परंपराओं को नकारात्मक दलित–साहित्य अपने निर्धारित लक्ष्य को प्राप्त करने में किस हद सफल हो पाएगा, यह प्रश्न भविष्य के गर्भ में अनुत्तरित है। दलित–साहित्य के सम्मुख दूसरी चुनौती स्वानुभूति और सहानुभूति के मुद्दे को लेकर है। दरअसल, ये दोनों पक्ष अलग–अलग नहीं हैं। स्वानुभूति एक कच्चे माल की तरह है, जिसके संघटन से सहानुभूति का व्यापक आधार तैयार किया जाता है। यह आवश्यक नहीं कि स्वानुभूति के बिना साहित्य का सृजन संभव न हो। एक रचनाकार के स्वानुभूति में प्रवेश की अपनी सीमाएँ हैं। जीवन इतना विराट्, विशद और बहुआयामी है कि उसके प्रत्येक पक्ष को व्यक्तिशः भोगना, उसमें जीना किसी भी तरह से संभव नहीं है। इसलिए जहाँ स्वानुभूति के अवसर न हों, वहाँ सहानुभूति ही रचनाधर्मिता का पाथेय बनती है। अधिकांशतः सहानुभूति के बल पर ही उत्तम साहित्य का सृजन किया गया है। कई बार भोगे हुए यथार्थ की पूँजी के होते हुए भी घटिया साहित्य की आशंका बनी रहती है और बहुत बार सहानुभूति के बल पर कालजयी साहित्य लिखा जाना संभव हो पाता है। दरअसल, साहित्य के क्षेत्र में सहानुभूति जब पात्र और परिवेश में तादात्म्य स्थापित कर लेती है तो वह किसी भी दृष्टि से स्वानुभूति से कमतर नहीं होती। इसलिए दलित–साहित्य को स्वानुभूति या सहानुभूति की बेमानी बहस में न पड़कर दलित और गैर–दलित–साहित्यकारों के विभाजन में न उलझकर, दलित–साहित्य के दायरे को निरंतरता में विस्तार देने का प्रयत्न किया जाना चाहिए।

यहाँ बाबा साहेब भीमराव अंबेडकर द्वारा 1 मई, 1954 को 'विदर्भ साहित्य संघ', नागपुर में साहित्यकारों को दिए गए संबोधन से हम दलित–साहित्य की सही दिशा का निर्धारण कर सकते हैं, ''मैं साहित्यकारों से अनुरोध करता हूँ कि आप उदात्त जीवन–मूल्यों और सांस्कृतिक मूल्यों का अपनी रचनाओं में सृजन कीजिए। अपनी दृष्टि का विस्तार कीजिए, उसे

संकुचित व मर्यादित मत कीजिए; उसे विशाल बनाइए। अपनी वाणी चहारदीवारी तक सीमित मत रखिए। उसका विस्तार होने दीजिए। अपनी कलम को अपने सवालों तक सीमित मत कीजिए। उसके तेज को देहातों का अँधेरा दूर करने के लिए फैलाइए। अपने इस देश में उपेक्षितों का, दलितों का बहुत बड़ा विश्व है, इसे मत भूलिए। उनका दुःख, उनकी व्यथा ठीक तरह से समझकर, अपने साहित्य के द्वारा उनके जीवन को उन्मत्त करने का प्रयास कीजिए। उसी में सच्ची मानवता है।''[102]

आज वैश्वीकरण के इस दौर में जब इतिहास के अंत की घोषणा की जा रही है, स्मृतियों के ध्वंस का नारा उछाला जा रहा है, सामाजिक सरोकारों का विकेंद्रीकरण हो रहा है, ऐसे में यदि दलित-साहित्य सीमित और संकीर्ण होता जाएगा, तो यह बाबा साहेब के आदर्शों के ठीक विपरीत होगा। बाबा साहेब जहाँ साहित्य में उदात्तता जीवन-मूल्यों और सांस्कृतिक आदर्शों को साहित्य का आधार मानते हैं, वहाँ साहित्यकारों का दृष्टि-विस्तार भी उनकी दृष्टि में उतना ही महत्त्वपूर्ण है। आज दलित-साहित्य जिस प्रकार अपनी समस्याओं और स्वार्थों तक सीमित हो गया है, उससे बाबा साहेब कदापि सहमत नहीं थे। वे न केवल दलितों को, बल्कि दलित-साहित्य को भी समूचे विश्व के दलितों और शोषितों से जोड़ना चाहते थे। इस दृष्टि से दलित-साहित्य को न केवल अपनी सर्जनात्मक क्षमता को वैश्विक स्तर पर सिद्ध करना होगा, बल्कि समूचे दलित और शोषित समाज को दूसरे दलित एवं शोषित नवजागरण के लिए प्रेरित करना होगा।

संदर्भ-सूची

1. दलित-साहित्य का सौंदर्यशास्त्र, शरण कु. लिंबाले; पृ. 37
2. वही; पृ. 111
3. दलित-साहित्य अवधारणा और स्वरूप; जगन्नाथ पंडित; पृ. 17
4. दलित-चेतना और समकालीन हिंदी उपन्यास; मुन्नालाल तिवारी; पृ. 17
5. ''हजारों वर्षों से जो अत्याचारों को झेल रहे हैं, ऐसे अस्पृश्यों को ही दलित कहना चाहिए और इन्हीं को आधार बनाकर दलित लेखकों द्वारा निर्मित साहित्य

को ही दलित–साहित्य कहना चाहिए।''
अस्मितादर्श; केशव मेश्राम; पृ. 12

6. निकाय; दीवाली अंक, 1976; पृ. 52
7. अस्मितादर्श; दीवाली अंक; 1973, पृ. 36
8. दलित–साहित्य का सौंदर्यशास्त्र; शरण कुमार लिंबाले; पृ. 24
9. वही, पृ. 27
10. वही, पृ. 43
11. वही, पृ. 43
12. वही, पृ. 44
13. वही, पृ. 45
14. वही, पृ. 45
15. वही, पृ. 46
16. दलित कहानी संचयन; चयन एवं संपादन रमणिका गुप्ता; ओमप्रकाश वाल्मीकि की कहानी, 'पच्चीस चौका डेढ़ सौ'; पृ. 24
17. वही, पृ. 27
18. वही, पृ. 28
19. मोहनदास नैमिषराय की कहानी; 'अपना गाँव'; पृ. 50
20. सूरजपाल चौहान की कहानी; 'साजिश'; पृ. 68
21. प्रेम कपाड़िया की कहानी; 'हरिजन', पृ. 87
22. रत्न कुमार साँभरिया, 'फुलवा', पृ. 100
23. वही, पृ. 103
24. वही, पृ. 104
25. वही, पृ. 104
26. सत्यप्रकाश की कहानी, 'दलित ब्राह्मण'; पृ. 161
27. शरण कुमार लिंबाले की कहानी, 'जाति न पूछो'; पृ. 190
28. बाबूराव बागुल की कहानी, 'जब मैंने जाति छुपाई'; पृ. 207
29. वही, पृ. 211
30. वही, पृ. 215
31. जी.एल. नायर की कहानी; 'चतुरी चमार की चाट'; पृ. 130
32. वही, पृ. 132–133
33. वही, पृ. 133–134
34. वही, पृ. 134
35. वसुधा; संपादक–प्रो. कमला प्रसाद, अंक–58; जुलाई–सितंबर 2003, 'अछूत

की शिकायत' कविता, रचयिता–हीरा डोम; पृ. 65
36. वही, पृ. 66
37. देवेश कुमार चौधरी की कविता; 'बुरे समय का आख्यान'; पृ. 134
38. वही, सुरेश तनवर की कविता; चुप नहीं रहूँगा; पृ. 138
39. वही; पृ. 138
40. दिनेश कुशवाह की कविता; 'एकलव्य की तरफ से'; पृ. 143–144
41. 'सुनहले भविष्य के लिए'; इंद्र बहादुर सिंह; पृ. 56
42. वही, पृ. 87
43. 'जूठन'; ओमप्रकाश वाल्मीकि; पृ. 15
44. 'दूसरा शनिवार'; 12 अप्रैल, 1987; कँवल भारती का आलेख; पृ. 30
45. 'जनसत्ता', 1 जून, 1997, ज्ञान प्रकाश विवेक का आलेख
46. 'अपने–अपने पिंजरे', मोहनदास नैमिषराय; पृ. 18
47. वही; पृ. 16
48. 'हंस'; सितंबर 2002, मोहनदास नैमिषराय का आलेख; पृ. 90
49. 'दलित–साहित्य का सौंदर्यशास्त्र'; शरण कुमार लिंबाले; पृ. 11
50. वही; पृ. 12–13
51. उद्धृत; दलित–साहित्य का सौंदर्यशास्त्र; पृ. 13
52. वही; पृ. 15
53. हिंदी साहित्य की वैचारिक पृष्ठभूमि; डॉ. विनय कुमार पाठक; पृ. 114
54. रचना और सौंदर्यशीलता; डॉ. इंद्र बहादुर सिंह; पृ. 11
55. हिंदी साहित्य की वैचारिक पृष्ठभूमि; डॉ. विनय कुमार पाठक; पृ. 115
56. 1 मई, 1954 को 'विदर्भ साहित्य संघ', नागपुर में बाबा साहेब द्वारा साहित्यकारों को संबोधन उद्धृत—हिंदी साहित्य की वैचारिक पृष्ठभूमि; डॉ. विनय कुमार पाठक; पृ. 117–118
57. दलित–चिंतन का विकास; डॉ. धर्मवीर; पृ. 85
58. दलित–साहित्य का सौंदर्यशास्त्र; शरण कुमार लिंबाले; पृ. 33
59. वही; पृ. 120
60. वही; पृ. 131
61. वही; पृ. 131
62. वही; पृ. 132
63. वही; पृ. 132
64. दलित–साहित्य का समाजशास्त्र; हरिनारायण ठाकुर; पृ. 115
65. वही; पृ. 116

66. दलित–साहित्य का सौंदर्यशास्त्र, शरण कुमार लिंबाले; पृ. 137
67. वही; पृ. 63
68. वही; पृ. 63
69. वही; पृ. 64
70. वही; पृ. 107
71. वही; पृ. 109
72. वही; पृ. 113
73. उद्धृत; हिंदी साहित्य की वैचारिक पृष्ठभूमि; विनय कुमार पाठक, पृ. 39
74. वसुधा; सं. कमला प्रसाद; अंक 58; जुलाई–सितंबर, 2003; अजय नावरिया का आलेख; पृ. 310
75. वही; पृ. 315
76. वही; पृ. 314
77. उत्तर आधुनिकतावाद और दलित–साहित्य; कृष्णदत्त पालीवाल; पृ. 214
78. वही; पृ. 234
79. वही; पृ. 214
80. उद्धृत; दलित–साहित्य का समाजशास्त्र; हरिनारायण ठाकुर; पृ. 138
81. वही; पृ. 138
82. प्रेमचंद : साहित्य का मुंशी; डॉ. धर्मवीर; पृ. 63 (हरि. ठाकुर, पृ. 140)
83. दलित–साहित्य का समाजशास्त्र; हरि नारायण ठाकुर; पृ. 142;
84. प्रेमचंद; रचना संचयन; 'गोदान'; पृ. 278
85. वही; 'गोदान', पृ.
86. प्रेमाश्रम; प्रेमचंद; पृ. 06–07
87. दलित–साहित्य का समाजशास्त्र; हरि नारायण ठाकुर; पृ. 143
88. 'रंगभूमि'; प्रेमचंद; पृ. 536
89. 'सद्गति'; प्रेमचंद; पृ.
90. दलित–साहित्य का समाजशास्त्र; हरि नारायण ठाकुर; पृ. 151
91. 'दूध का कर्ज'; प्रेमचंद; पृ.
92. दलित–साहित्य का समाजशास्त्र; हरि नारायण ठाकुर; पृ. 154
93. वही; पृ. 153
94. दलित–साहित्य का सौंदर्यशास्त्र; शरण कुमार लिंबाले; पृ. 119
95. वही; पृ. 118.
96. वसुधा; सं. कमलाप्रसाद; अंक–58, जुलाई–सितंबर 2003; दलित–साहित्य : कितना सार्थक; हरिराम मीणा; पृ. 293

97. दलित–साहित्य का सौंदर्यशास्त्र; शरण कुमार लिंबाले; सूरजपाल चौहान को दिया लेखक का साक्षात्कार, पृ. 158
98. वसुधा; सं. कमला प्रसाद; अंक–58, जुलाई–सितंबर 2003; 'मीडिया और दलित : सच की तसवीर'; लीलाधर मंडलोई, पृ. 78
99. वही; पृ. 78
100. वही; पृ. 79
101. वही; पृ. 79
102. 01 मई, 1954 को 'विदर्भ साहित्य संघ', नागपुर में साहित्यकारों को संबोधन, उद्धृत—हिंदी साहित्य की वैचारिक पृष्ठभूमि; डॉ. विनय कुमार पाठक; पृ. 117–118

□□□